财务会计与内部审计研究

周喜凤　陈　静　李瑞玲　著

经济日报出版社

北　京

图书在版编目（CIP）数据

财务会计与内部审计研究 / 周喜凤 , 陈静 , 李瑞玲 著 . -- 北京：经济日报出版社 , 2024. 9. -- ISBN 978-7-5196-1511-6

Ⅰ. F234.4；F239.45

中国国家版本馆 CIP 数据核字第 202485689W 号

财务会计与内部审计研究

CAIWU KUAIJI YU NEIBU SHENJI YANJIU

周喜凤　陈　静　李瑞玲　著

出　　版　经济日报 出版社

地　　址：北京市西城区白纸坊东街 2 号院 6 号楼 710（邮编 100054）

经　　销：全国新华书店

印　　刷：廊坊市海涛印刷有限公司

开　　本：710mm×1000mm　1/16

印　　张：11.75

字　　数：180 千字

版　　次：2024 年 9 月第 1 版

印　　次：2025 年 1 月第 1 次印刷

定　　价：68.00 元

前　言

　　财务会计与内部审计作为现代单位管理体系中的两大核心要素，不仅关乎单位的财务稳健，更影响着单位的长远发展。随着市场竞争的日益激烈和经济环境的不断变化，财务会计的准确性和内部审计的有效性显得尤为重要。

　　财务会计是单位经济活动的记录者和报告者，它为单位提供了决策支持，也为外部投资者和监管机构提供了评估单位的重要依据。而内部审计则是对单位内部控制制度的监督和评价，它有助于发现潜在风险，提升管理效率，确保企业运营的合规性。

　　本书重点围绕"财务会计与内部审计研究"，以财务会计的基本理论为切入点，由浅入深地阐述了会计基本假设与会计基础、财务会计岗位描述等，并系统地论述了收入和支出的会计核算等内容。此外，本书对内部审计流程、方法与管理等进行了探索，研究了内部审计的应用领域，全方位阐释了财务会计与内部审计的主题。本书内容翔实、条理清晰、逻辑合理，兼具理论性与实践性，适用于从事相关工作与研究的专业人员。

　　在本书的写作过程中，得到许多专家和学者的帮助与指导，在此表示诚挚的感谢。鉴于笔者水平有限，加之时间仓促，书中难免存在疏漏之处，恳请读者不吝赐教，以便进一步修改和完善。

目　录

第一章 财务会计的基本理论

财务会计作为单位经济管理活动的记录者，其基本理论构成了财务管理的基石。本章深入探讨财务会计的基本概念、基本假设与会计基础，以及会计信息的质量要求。通过本章的阅读，有助于读者对财务会计有更为全面和深入的理解。

第一节 财务会计概述

一、什么是会计

(一) 会计的含义理解

会计是以货币为主要计量单位，采用专门的方法和程序，对企业和行政事业单位的经济活动进行完整的、连续的、系统的核算和监督，以提供经济信息和反映受托责任履行情况为主要目的的经济管理活动。

会计的含义可概括为以下两层意思。

1. 会计是一个信息系统

会计的理论体系以会计目标为起点。会计目标主要明确为什么要提供会计信息，为谁提供会计信息。每个组织的经理，即使再有才能，也不可能只靠观察日常经营活动就足以掌握全面的情况。恰恰相反，它必须依靠会计程序将业务交易转变为能在会计报告中进行概括和汇总的统计数据，对为数众多的复杂变量进行连续、系统、全面、综合的处理，使之成为一目了然的会计信息。在现代社会，不仅单位内部的管理者需要会计信息，单位以外与单位有经济关系的人员和机构也需要单位的会计信息，以便做出相关决策。而会计可以对单位经济活动的原始数据进行加工，通过确认、计量、报告、分析诸程序，产生以货币度量的会计信息，信息是会计工作所产生的结果，会计报告是传输这种结果的媒介。

会计作为一个信息系统，主要职能是将一个单位的经济数据变为对该单位财务决策方面有用的经济信息。它既处理过去的经济业务产生的数据（会计核算子系统），也处理现在和将来的经济业务产生的数据（会计预测子系统）；既提供财务会计信息（以财务报告的方式），又提供管理会计信息（以计划、预测和方案等方式）。总之，它将这些信息传递给使用者，使他们可以做出较佳的判断和决策。

2. 会计是一种经济管理活动

在人类社会中，由于存在资源的有限性和社会需要的无限性之间的矛盾，客观上就存在着合理配置资源的需求，这就必须对经济活动的过程和结果进行计量、计算，以评价经济上的得失，这既是会计产生的原因，也是会计发展、完善的动因。会计应管理的需求而产生，其内容和方法也随着经济管理的需求而不断深化。会计实质上是人们运用会计方法对经济进行管理的一项实践活动。在非商品经济条件下，会计直接对财产物资进行管理；在商品经济条件下，经济活动中的财产物资都是以价值形式表现的，因此，会计就是对价值运动进行"观念总结"和"过程控制"。会计的管理活动通过规划、组织、实施、检查等程序来进行。在产生会计信息的同时，人们运用会计信息对价值运动进行组织、控制、调节和指导，以在经济活动中权衡利弊、比较得失、讲求经济效果。计划和控制是会计管理的基本职能；提高经济效益是会计管理的目标。正是由于会计直接介入管理过程，除了担任提供信息的角色之外，还直接参与管理决策和控制，我们又将会计视为一种管理活动。

（二）会计的特点

1. 客观性

会计账簿记录以会计凭证为基础，有利于真实、准确地反映单位的经营管理活动。准确填制和严格审核会计凭证，对实现会计职能、充分发挥会计作用具有重要意义。

2. 系统科学性

会计可以为经济活动提供及时、连续、全面和系统的数据。随着单位规模的扩大和经济活动的日益复杂，在单位管理方面，会计除了提供反映现状的指标外，还需要提供预测未来的数据，从而为单位的战略决策提供依据，最终实现单位的经营目标。

3.价值性

会计要想全面、及时、连续、系统地反映单位的经营管理活动，就必须以货币为综合的计量单位，而不能以各种实物为计量单位。单位的生产要素在实物形态上不具有相加性，这不利于单位资产规模和结构的考察，以货币为主要度量方式的引入就使这一矛盾迎刃而解，这是由生产要素在价值形式上具有同质性所决定的。

(三) 会计的对象

在不同的单位，资金运动的形式和内容各有不同，因此，会计的具体对象也有所不同。概括来说，会计的对象主要包括以下几个：

1.资金投入

资本投资包括两部分：单位所有者投入的资本和债权人投入的资金。前者构成单位的所有者权益，后者构成单位的债权人权益。资金投入是单位获得资金的过程，是资金运动的起点。投入单位的资金又分为两部分：一部分形成流动资产；另一部分形成单位固定资产等非流动资产。

2.资金循环和周转

资金循环与周转即资金的运用，是指资金投入单位后，在供应、生产和销售环节不断循环与周转的过程。具体又分为供应、生产和销售三个阶段。

(1) 供应阶段

在这个阶段，单位利用投入的资金购买并储备原材料等劳动对象，为生产产品做充分的物资准备，同时要发生材料买价、运输费、装卸费等材料采购成本，与供货方发生货款的结算关系。

(2) 生产阶段

在这个阶段，生产工人借助机器设备对原材料进行加工生产，同时产生生产材料的消耗费用、工资费用、固定资产折旧费用，使单位与职工之间发生工资结算关系，与单位之间发生劳务结算关系等。

（3）销售阶段

在这个阶段，单位将生产的产品对外销售，在取得销售收入的同时，还需要支付必要的销售费用，如包装费、运输费、广告费等，与购货商发生货款结算关系、与税务机关发生税务结算关系。

3. 资金退出

资金退出是指资金离开本单位，退出资金的循环和周转。资金退出是资金运动的终点。

上述资金运动的三个基本环节是相互支撑、相互制约的统一体。没有资金的投入，就不会有资金的循环与周转；没有资金的循环与周转，就不会有债务的偿还、税金的上缴和利润的分配等；没有资金的退出，就不会有新一轮资金的投入，也就不会有单位的进一步发展。

（四）会计的职能

会计的职能包括基本职能和拓展职能。

1. 基本职能

（1）会计的核算职能

会计的核算是指会计管理活动以货币为主要计量单位，通过确认、计量、记录和报告，运用专门的方法，从数量上反映各单位已经发生或完成的经济活动，为经济管理提供完整、连续、系统的会计信息的功能。它是会计最基本的职能。

（2）会计的监督职能

会计监督是指会计机构、会计人员按照一定的目的和要求，利用会计核算所提供的信息，对单位经济活动的全过程进行控制和指导，以达到预期目标的功能。会计的监督职能具有以下几个特点：①会计监督的主体是会计机构、会计人员。②主要利用各种价值指标对经济活动进行货币监督。③会计监督的依据主要包括财经法律、法规、规章，会计法律、法规和国家统一会计制度等。④会计监督贯穿经济活动的全过程，包括事前监督、事中监督和事后监督。其中，事前监督主要表现为对计划和预算的审核；事中监督主要表现为对日常经济活动的适时限制和调整；事后监督主要表现为对已经完成的经济活动的合理性、合法性和有效性进行的检查、分析、评价以及必要的纠正活动。

2. 拓展职能

除了基本职能外，会计还具有拓展职能，主要包括以下几个方面。

（1）预测经济前景

预测经济前景是指根据会计报告等信息，对经济活动的发展变化规律进行定量或定性判断和推测，以指导和规范经济活动，提高经济效益。

（2）参与经济决策

参与经济决策是指基于财务会计报告等信息，采用定量和定性分析方法，对备选方案进行经济可行性分析，为单位生产经营管理提供相关决策信息。

（3）评价经营业绩

评价经营业绩是指根据财务会计报告等信息，采用适当的方法对单位资产在固定经营期内的经济效益和其他经营成果与相应标准进行比较，并进行定量和定性的比较分析，以做出真实的、客观公正的综合评价。

二、财务会计的含义及特征

财务会计是以公认的会计准则为依据，对已完成或已发生的交易与事项，运用一套专门的会计核算方法，以货币作为主要计量单位，按照确认、计量和报告等程序，以财务报告为形式，定期、总括地反映单位财务状况、经营成果和现金流量等会计信息的会计系统。由此可见，财务会计是以提供会计信息为最终结果的，而会计信息则是通过会计报表反映出来的。因此，财务报告是会计工作的核心。财务会计作为传统会计的发展，同旨在向单位管理当局提供经营决策所需信息的管理会计不同。与管理会计相比，财务会计具有以下几个特征：

（一）主要是为单位外部提供会计信息

财务会计的目标主要是向单位的投资人、债权人、政府机构和社会公众提供相关的会计信息，以满足不同利益者的需求。投资人利用相关的会计信息进行有关决策；债权人利用相关信息了解单位的偿债能力；政府机构利用相关信息了解单位税款的缴纳情况、社会保障基金的缴纳情况等；社会公众也需要通过单位提供的相关信息了解单位的财务状况、经营状况等。

(二) 以货币为主要计量单位，运用会计方法对单位的经济活动进行核算和监督

为了提供通用的会计报表，财务会计在处理加工信息时，依然是以传统的会计方法对已经发生的经济业务以货币作为主要计量单位进行计量、确认和报告。以核算和监督为主要职能，通过设置账户，运用复式记账原理，填制记账凭证等会计核算方法，以凭证和账簿为组织形式，以分类记录的方式，反映单位过去和现在的经济活动及其结果的会计信息。

(三) 财务会计受公认的会计准则的约束

公认会计准则是指导财务会计工作的基本准则，是组织会计活动、处理会计业务的规范。公认会计准则由基本会计准则和具体会计准则所组成。我国目前的会计准则体系是由 1 项基本会计准则、38 项具体会计准则和 2 个应用指南构成的。单位在处理会计事务时，财务会计必须按照这些相关的会计准则规范执行。

三、财务报告的目标分析

财务报告目标，是指单位编制财务报告提供会计信息的目的。财务报告目标应以恰当的方式有效反映受托者管理委托人财产责任的履行情况。在单位制单位下，单位财产所有权与经营权分离，受托者接受委托者委托后，获得财产的自主经营权和处置权，但负有定期向委托者报告其受托责任履行情况的义务，财务报告在委托人和受托人之间起着桥梁的作用。

财务报告应当向投资者等外部使用者提供决策有用的信息，尤其是与单位财务状况、经营成果、现金流量等相关的信息，从而有助于使用者评价单位未来现金流量的金额、时间和不确定性。

我国会计准则明确财务报告的目标，规定财务报告的目标是向财务报告使用者提供与单位财务状况、经营成果、现金流量等有关的会计信息，反映单位管理层受托责任履行情况，有助于财务报告使用者做出经济决策。我国对财务报告目标的界定，兼顾决策有用观和受托责任观。

四、财务会计信息的使用者

(一) 内部使用者

财务会计信息在单位内部有着广泛的应用，为各级管理者提供重要的决策依据。这些信息可以作为评价管理者业绩的有效工具，尤其对于部门（如销售部门）的管理者来说，财务信息能够反映他们在预算执行方面的表现。此外，财务信息还可以揭示部门间的业务运营状况，有助于不同层级的管理者全面了解单位的运营情况。

尽管单位的各级管理者对财务信息的关注点和具体使用目标可能有所不同，但他们使用财务信息的核心目标是一致的。那就是借助这些信息，推动单位实现总体战略和任务，提高整体运营效率。在这个过程中，财务信息可以帮助管理者发现潜在的问题与风险，为改进管理措施提供依据。

在实际应用中，财务信息还可以帮助单位内部各部门之间进行有效的沟通。通过财务报告，各部门可以了解其他部门的业务进展情况，从而更好地协调资源，提高单位整体竞争力。此外，财务信息还可被用于激励员工，如设定绩效考核指标，将财务数据与员工个人业绩挂钩，从而提高员工的工作积极性和责任心。

总之，财务会计信息在单位内部的运用具有重要意义。它不仅有助于提高管理者的业绩评价和决策能力，还可以促进单位内部各部门之间的协同合作，实现单位总体战略和任务。因此，单位应充分利用财务信息，发挥其在内部管理中的重要作用。同时，单位还需不断提升财务信息的质量和透明度，为内部使用者提供更为全面准确的财务数据。这样，单位才能在激烈的市场竞争中立于不败之地。

(二) 外部使用者

1. 政府部门

国家作为宏观经济管理者，其管理职能是由各政府职能部门共同实施的，许多政府部门需要掌握包括财务信息在内的诸多信息。例如，财政部门需要掌握法律、单位会计规范执行情况的信息；税务部门需要有关单位利润、申报依法纳税等信息。

2. 股东或投资者

单位的股东或投资者对公司的经营状况和未来发展特别关心。他们不仅需要了解公司过去的表现，以评估其历史业绩和决策，还需要预测公司未来的发展趋势和潜在风险。股东借助于财务报告反映的信息，做出追加投资或者转让投资的决定；了解单位的分配政策；考核单位管理者的经营成果，看他们是否实现了单位的目标。对于潜在的投资者来说，他们主要依赖会计信息来决定是否对单位投资。

3. 债权人

债权人将资金使用权让渡给单位，他们需要财务信息及其他信息来评价和判断单位能否履行偿还本金和支付利息的义务。对于短期债权人来说，他们关心的是单位短期内的偿债能力，因此更看重流动资产的周转速度和变现能力。而长期债权人更关注的是单位长期的偿债能力，这种能力反映在单位预期的财务状况上。

4. 供应商与客户

作为供应商，他们关注的是单位的商业信用和偿债能力。客户主要关心单位长期供应商品的能力、产品价格以及售后服务。

5. 普通员工

员工需要获得单位的财务信息，借以了解、预测单位的发展前景和盈利情况，以便评估单位可能提供的工作报酬、职业发展机会、退休福利等。

6. 社会公众

社会公众也关心单位的生产经营活动，需要了解单位对社会及所在地区经济做出的贡献，如增加就业机会、刺激消费、提供社区服务等的信息。

第二节　会计基本假设与会计基础

一、会计基本假设

(一) 会计假设的概念界定

会计假设也称为会计基本前提或会计前提，是单位对交易或事项进行会计确认、计量和报告的必备前提，具体是指对会计核算所处的空间范围、时间范围、基本程序和计量单位等做出的合理设定。

会计假设是人们在会计实践中通过不断摸索和验证形成的合理推断，并在会计实践中长期奉行，普遍为人们所接受的前提。其所处的空间范围是对会计活动服务的对象做出的基本设定；时间范围是对会计服务对象经营活动的持续性做出的基本设定；基本程序是对会计服务对象经营活动的持续性进行合理的期间划分做出的基本设定；计量单位是对会计活动服务对象处理发生的交易或事项时采用的计量单位做出的基本设定。只有这些基本前提完全具备，才能保证会计管理活动的顺利开展。

(二) 会计假设的四项内容

会计假设包括会计主体假设、持续经营假设、会计分期假设和货币计量假设四项内容。

1. 会计主体假设

会计主体假设要求单位对其本身发生的交易或事项进行会计确认、计量和报告。为了向会计信息使用者提供对其决策有用的信息，会计确认、计量和报告应当集中反映特定会计主体所发生的交易或事项，须切实注意以下两点：一是应将单位本身经营活动所发生的交易或事项与其他单位发生的交易或事项区别开来，即不能对与本单位无关的其他单位所发生的交易或事项进行确认、计量和报告；二是应将单位本身经营活动所发生的交易或事项与单位所有者个人的交易或事项区别开来，如单位所有者购买个人生活用品发生的支出等就不能作为单位的交易或事项进行确认、计量和报告。只有明确划清以上交易或事项的界限，才能切实反映单位自身的财务状况和经营成果。由此可见，明确界定会计主体是进行会计确认、计量和报告的重要前提。

明确界定会计主体假设的意义在于以下几点。

第一，只有明确会计主体，才能划定会计所要处理的各项交易或事项的空间范围。会计上通常所讲的资产的确认、负债的确认、收入的实现和费用的发生等，都是针对特定的会计主体而言的。

第二，只有明确会计主体，才能将该会计主体的交易或事项与其他会计主体的交易或事项，以及会计主体所有者个体的交易或事项区别开。这样，会计才能紧密围绕会计应予处理的核心内容，根据会计目标的要求做好确认、计量和报告。

第三，只有明确会计主体，才能对该主体所发生的交易或事项的经济性质做出正确判断和处理。例如，A 与 B 两个单位间发生了一笔赊销、赊购商品的交易。对于两个单位来说，该交易具有截然不同的两种性质，会分别引起两个单位的债权【应收账款（资产）】和债务【应付账款（负债）】的不同方面的变化。销售方、购买方必须从各自的角度出发，对交易进行确认、计量和报告。

2. 持续经营假设

持续经营是指在可以预见的未来，单位将会按当前的规模和状态继续经营下去，不会停业，也不会大规模削减业务。持续经营假设强调，会计确认、计量和报告应当以单位持续、正常的经营活动为前提。尽管单位的生产经营活动随时面临着激烈的市场竞争，甚至会遭遇停业清理和破产清算等经营风险，但会计确认、计量和报告不应以这种异常的经营趋势为前提，而应以单位持续经营这种正常的经营趋势为前提。我国的单位会计准则体系就是以单位持续经营为前提而建立的，适用于持续经营单位的会计确认、计量和报告。

明确界定持续经营假设的意义在于以下几点。

第一，只有明确持续经营，才能划定会计所要处理的各项交易或事项的时间范围。即会计所确认、计量和报告的应当是单位正常经营活动期间发生的交易或事项。

第二，只有明确持续经营，才能为会计分期假设提供必要的基础。会计分期假设是建立在持续经营前提基础上的另一种假设。如果单位不能够持续经营，也就不可能进行会计分期。

3. 会计分期假设

会计分期假设强调，单位应当划分会计期间，分期结算账目，并编制财务会计报告。在持续经营的单位，其生产经营活动是持续不断地进行的，单位应根据及时报告的会计信息的要求，将持续经营的生产经营活动划分为一定的会计期间，以便按照会计期间分期结算账目，并在此基础上编制财务会计报告，及时地向会计信息使用者提供与其进行经济决策相关的会计信息。会计期间可按公历起讫日期划分为年度、半年度、季度和月度。

明确会计分期假设的意义在于以下几点。

第一，只有明确会计分期，才有利于建立有条不紊的会计工作基本程序，便于及时结算账目，并以此为依据编制财务会计报告，向会计信息使用者及时提供相关会计信息。

第二，只有明确会计分期，才能合理地处理那些可能跨越若干会计期间的交易或事项，如固定资产折旧和无形资产摊销等。

第三，只有进行会计分期，才会有会计上的当前会计期间（本期）、以前会计期间（前期）和以后会计期间（后期）的差别，使会计主体拥有记账的基准。

4. 货币计量假设

货币计量假设强调，单位会计应当以货币计量。在会计计量中，可能用到的计量单位有货币计量单位、实物计量单位和劳动计量单位等，但货币计量单位以外的计量单位都属于辅助性计量单位，凡会计上所计量的交易或事项，首先必须能够以货币单位进行计量。如果不能以货币单位进行计量，就不能确定这些交易或事项的变动金额，也就无法对其进行会计记录和报告。

明确界定货币计量假设的意义在于以下几点。

第一，只有明确货币计量，才能统一会计计量的基本单位。货币是商品的一般等价物，具有价值尺度、流通手段、储藏手段和支付手段等特点，作为衡量一般商品价值的共同尺度，货币能计量所有交易或事项的全部内容，具有极强的适用性。

第二，只有采用货币计量，才有可能进行汇总和对比分析。单位采用统一的货币单位对所发生的交易或事项进行计量，反映的是这些交易或事项共有的价值方面的属性。因而，采用货币计量便于进行单位财务状况、经营成果和现金流量等的计量和报告，也便于对单位发生的所有交易或事项进行汇总和比较分析。

二、会计基础

会计基础为我们提供了关于收入、费用核算的归属期问题的明确指引，是单位进行会计确认、计量和报告的重要基石。接下来，将深入探讨会计基础中的两大核心原则：权责发生制和收付实现制。

(一) 权责发生制

权责发生制，作为会计确认、计量和报告的基础，其核心理念在于以权利取得和责任完成为标志来确认收入和费用的发生。这一原则强调经济业务的实质而非形式，即不论款项是否收付，只要当期已经实现的收入和已经发生或应当负担的费用，就都应作为当期的收入和费用予以确认。

权责发生制的运用，有助于单位正确计算经营成果，真实反映单位的财务状况和经营成果。它避免了因款项收付时间与实际业务发生时间不一致而导致的会计信息失真问题。同时，权责发生制也有助于单位进行预算控制和业绩评价，为单位的决策提供有力支持。

然而，权责发生制也并非完美无缺。在实际应用中，由于存在对未来事项的预测和估计，这可能会导致会计信息的可靠性受到一定影响。因此，在应用权责发生制时，单位应结合实际情况，充分考虑相关风险因素，确保会计信息的准确性和可靠性。

(二) 收付实现制

与权责发生制相对应的是收付实现制。这种确认方法以收到或支付现金作为确认收入和费用的依据。在收付实现制下，只有当单位收到现金或支付现金时，才确认相应的收入和费用。

收付实现制具有直观、简单的特点，便于理解和操作。在我国会计实务中，行政单位一般采用收付实现制，事业单位除经营业务采用权责发生制外，其他业务也采用收付实现制。这是因为这些单位的业务活动相对简单，资金流动较为清晰，采用收付实现制能够较好地反映单位的实际收支情况。

　　然而，收付实现制也存在一定的局限性。它无法反映单位未来的财务状况和经营成果，无法为单位提供全面的决策支持。同时，收付实现制也无法准确反映单位的资产和负债状况，这可能会导致会计信息失真。因此，在选择会计基础时，单位应根据自身的业务特点和实际需求进行合理选择。

　　综上所述，在实际应用中，单位应根据自身的实际情况和需求进行选择和应用，确保会计信息准确、可靠。同时，随着经济的发展和会计制度的不断完善，我们也应关注会计基础理论的创新和发展，为单位的财务管理提供更加科学、合理的指导。

第三节　财务会计岗位描述

　　单位应当依据法规，从本单位的会计业务量和会计人员配备的实际情况出发，按照效益和精简的原则进行会计岗位的设置。不同的财务会计工作岗位职责的确定要在遵守国家法规制度的前提下，结合单位自身的业务和管理特点来确定。

一、会计主管岗位的职责

(一) 具体领导单位财务会计工作

　　包括财务计划、财务控制、财务分析和财务报告等方面的工作。这要求会计主管必须精通会计知识，了解国家相关法规，确保单位的财务会计工作能够有序、高效地进行。

(二) 组织制定、贯彻执行本单位的财务会计制度

　　这包括会计科目的设置、凭证的审核、账簿的登记、报表的编制等各个环节，确保财务会计工作的规范性和准确性。

(三) 组织编制本单位的各项财务成本计划

会计主管需要根据单位的经营目标和实际情况，组织编制各项财务成本计划，包括预算、资金计划、成本计划等。这些计划将作为单位经济活动的重要依据，有助于单位高效管理资金，从而实现经济效益最大化。

(四) 组织开展财务成本分析

通过对财务数据的深入剖析，发现单位在财务管理、成本控制等方面存在的问题，并提出改进意见和措施，为单位的决策提供有力支持。

(五) 审查或参与拟定经济合同、协议及其他经济文件

会计主管需要参与或审查单位的经济合同、协议及其他经济文件，确保这些文件符合国家法律法规的规定。同时，会计主管还需要关注合同中的财务条款，尤其要重点关注合同金额是否准确，支付方式是否合理，确保单位的财务权益得到保障。

(六) 参加生产经营管理会议，参与经营决策

会计主管要了解单位的经营情况和决策过程，为单位的经营决策提供财务方面的意见和建议。通过参与经营决策，会计主管可以更好地发挥财务会计工作在单位发展中的作用。

(七) 负责向本单位领导、职工代表大会报告财务状况和经营成果

让单位内部对单位的财务状况和经营情况有清晰的了解。这有助于提高单位的透明度和信任度，促进单位的健康发展。

(八) 审查对外报送的财务会计报告

确保报告真实、准确和完整。这不仅是对单位负责，也是对外部投资者、债权人等利益相关方负责。通过审查财务会计报告，会计主管可以发现单位内部潜在的风险和问题，为单位的决策提供依据。

（九）负责组织会计人员的政治理论、业务技术的学习和考核，参与会计人员的任免和调动

会计主管还需要负责组织和安排本单位会计人员的政治理论、业务技术的学习和考核工作，提升会计团队的整体素质和业务能力；参与会计人员的任免和调动决策，确保会计团队的稳定性和高效性。这有助于建立一个优秀的会计团队，为单位的财务会计工作提供有力保障。

二、出纳岗位的职责

（一）办理现金收付和结算业务

包括根据单位内部的审批流程，准确、及时地收取和支付各项现金款项，确保资金流动的安全和合规。同时，出纳还需要处理与银行账户相关的结算业务，如办理存款、取款、转账等手续，保证单位资金的正常运作。

（二）登记现金和银行存款日记账

这要求出纳每日对现金和银行存款的收支情况都进行详细记录，包括每笔交易的金额、日期、摘要等信息，以确保账目的准确性和完整性。通过定期核对账目，出纳可以及时发现和解决潜在的财务问题，为单位提供可靠的财务数据支持。

（三）保管库存现金和各种有价证券

包括妥善存放现金，确保现金安全；同时，对于单位持有的有价证券，如债券、股票等，出纳也需要进行妥善保管，防止丢失或损坏。在保管过程中，出纳需要严格遵守单位的安全管理制度，确保资产的安全和保密。

（四）保管有关印章、空白收据和空白支票

这些物品是单位进行财务活动的重要凭证和工具，必须妥善保管以防止被滥用或丢失。出纳需要建立完善的保管制度，对这些物品进行定期检查和盘点，确保它们的完整性和安全性。同时，在使用这些物品时，出纳需要

严格按照单位的审批流程进行操作，确保财务活动的合规性和合法性。

三、固定资产核算岗位的职责

（一）会同有关部门拟定固定资产的核算与管理办法

这要求核算人员深入了解单位的固定资产情况，包括资产种类、数量、价值、使用状况等，并结合单位的实际情况和业务需求，制定科学合理的核算方法和管理制度。同时，核算人员还须关注国家相关法规和政策的变动，及时更新和调整核算与管理办法，确保固定资产核算的合规性和准确性。

（二）参与编制固定资产更新改造和大修理计划

这要求核算人员根据资产的使用情况和性能要求，提出合理的更新改造和修理建议，并协助相关部门制订具体的实施计划。通过参与计划的编制，核算人员可以更好地了解单位对固定资产的需求，及时发现固定资产变动及损耗情况，为后续的核算工作提供有力支持。

（三）负责固定资产的明细核算和有关报表的编制

核算人员需要按照核算与管理办法的要求，对固定资产的增减变动进行及时、准确的记录和处理，确保账实相符。同时，核算人员还需要根据业务需要和管理要求，编制固定资产相关报表，如资产清单、折旧计算表等，为单位管理层提供清晰、全面的固定资产信息。

（四）计算提取固定资产折旧和大修理资金

核算人员需要根据固定资产的种类、使用年限、残值率等因素，按照规定的折旧方法计算折旧额，并提取相应的折旧资金。同时，对于需要大修理的固定资产，核算人员还需要根据修理计划和预算，提取相应的大修理资金，以确保修理工作的顺利进行。

（五）参与固定资产的清查盘点

核算人员需要协助相关部门对固定资产进行定期或不定期的清查盘点，

核对资产数量、价值和使用状况等信息，确保账实相符。通过参与清查盘点，核算人员可以及时发现和处理固定资产管理中存在的问题和漏洞，为单位提供可靠的资产保障。

四、材料物资核算岗位的职责

(一) 会同有关部门拟定材料物资的核算与管理办法

这要求核算人员深入了解单位的材料物资情况，包括物资种类、数量、价格、采购渠道等，并结合单位的业务需求和管理要求，制定适合的核算方法和管理制度。通过科学、规范的核算和管理，可以确保材料物资的准确性、完整性和及时性，为单位的生产经营提供有力保障。

(二) 审查汇编材料物资的采购资金计划

核算人员须对采购计划进行认真审核，确保计划的合理性和可行性。同时，核算人员还须关注采购资金的使用情况，确保资金的合理使用和有效控制。通过审查汇编采购资金计划，可以优化单位的物资采购流程，降低采购成本，提高经济效益。

(三) 负责材料物资的明细核算

核算人员需要按照核算与管理办法的要求，对材料物资的收发、领用、结存等情况进行及时、准确的记录和处理。通过明细核算，可以清晰反映材料物资的流动情况和价值变化，为单位管理层提供决策支持。

(四) 会同有关部门编制材料物资计划成本目录

核算人员需要根据材料的种类、规格、价格等因素，制订合理的计划成本，并编制相应的目录。通过计划成本目录的编制，可以为单位的成本核算和成本控制提供有力支持。

(五) 配合有关部门制定材料物资消耗定额

核算人员需要根据单位的生产计划和材料物资的实际消耗情况，制定合理的消耗定额，以控制材料的消耗量和成本。通过制定消耗定额，可以引导员工合理使用材料物资，提高资源利用效率，降低生产成本。

（六）参与材料物资的清查盘点

核算人员须协助相关部门对材料物资进行定期或不定期的清查盘点，核对物资数量、价值和使用情况等信息。通过参与清查盘点，可以及时发现和处理材料物资管理中存在的问题和漏洞，为单位提供可靠的物资保障。

五、库存商品核算岗位的职责

（一）负责库存商品的明细分类核算

这要求核算人员根据库存商品的种类、规格、数量、价格等信息，建立详细的库存商品明细账，确保每一项库存商品的变动都能得到及时、准确的记录。通过明细分类核算，可以清晰地反映库存商品数量和价值的变化，为单位管理层提供决策支持。

（二）会同有关部门编制库存商品计划成本目录

核算人员需要根据商品的采购价格、运输费用、关税等因素，制订合理的计划成本，并编制相应的目录。这有助于单位在采购、销售等环节中对库存商品的成本进行有效控制。

（三）配合有关部门制定库存商品的最低、最高限额

核算人员需要根据单位的销售计划、生产需求以及市场供应情况等因素，制定合理的库存限额，以确保库存商品既能满足单位的日常需求，又能避免过多的积压和浪费。

（四）参与库存商品的清查盘点

核算人员应定期对本单位的库存商品进行盘点，监督和控制商品的入库和出库，确保库存的账面数量与实际数量一致。

六、工资核算岗位的职责

(一) 监督工资基金的使用

核算人员需要确保工资基金的使用符合单位的规章制度和相关法律法规的要求，防止滥用和违规操作。同时，核算人员还需要关注工资基金的变动情况，及时向管理层报告异常情况，确保工资发放的合规性和稳定性。

(二) 审核发放工资、奖金

核算人员需要仔细核对员工的考勤记录、绩效表现等信息，确保工资和奖金的发放准确无误。同时，核算人员还须关注工资和奖金的发放时间，确保按时足额发放，维护员工的合法权益。

(三) 负责工资的明细核算

核算人员须按照单位的工资制度和相关规定，对员工的工资进行明细核算，包括基本工资、津贴补贴、奖金等各项内容。通过明细核算，可以清晰地反映员工的工资构成和变动情况，为单位管理层提供决策支持。

(四) 负责工资分配的核算

这包括根据单位的组织结构、部门职能以及员工职责等因素，合理分配工资总额，确保各部门和员工的工资水平合理、公平。通过工资分配的核算，可以平衡单位内部的利益关系，提高员工的工作积极性。

(五) 计提应付福利费和工会经费等费用

核算人员须根据单位的福利制度和工会章程等相关规定，计提相应的费用，确保员工的福利待遇和工会活动的正常开展。同时，核算人员还须关注这些费用的使用情况，确保费用的合理使用和有效管理。

七、成本核算岗位的职责

(一) 拟定成本核算办法

核算人员需要根据单位的业务特点和管理要求，结合国家相关法规和会计准则的规定，制定出一套科学、合理、可行的成本核算办法。成本核算办法需要明确成本对象的划分、成本计算的方式、成本分配的原则等内容，以确保成本核算的准确性和规范性。

(二) 制订成本费用计划

这包括预测和规划各项成本费用的发生额和发生时间，为单位的成本控制和决策提供有力支持。通过制订成本费用计划，可以帮助单位更好地控制成本，从而提高经济效益。

(三) 负责成本管理基础工作

这包括建立健全成本管理制度，完善成本核算流程，确保成本数据的准确性和完整性。同时，核算人员还须加强与其他部门的沟通与协作，共同推进成本管理工作。

(四) 核算产品成本和期间费用

这要求核算人员根据成本核算办法，准确计算产品的直接材料、直接人工和制造费用等成本项目，以及期间费用（主要包括管理费用、销售费用和财务费用）等。通过核算产品成本和期间费用，可以为单位的商品定价、成本控制和利润分析提供依据。

(五) 编制成本费用报表并进行分析

通过报表的编制和分析，可以清晰地反映单位成本费用的构成和变化情况，为管理层提供决策支持。同时，核算人员还须根据分析结果提出成本控制和优化的建议，促进单位成本管理的持续改进。

（六）协助管理在产品和自制半成品

这包括协助制定在产品和自制半成品的核算办法，定期对在产品和自制半成品进行清查盘点，确保账实相符。通过协助管理在产品和自制半成品，可以加强单位对存货的管理和控制，避免过多的存货积压和过期货物，从而有效管理库存，减少浪费现象。

八、收入、利润及利润分配核算岗位的职责

（一）负责编制收入、利润计划

这要求核算人员根据单位的经营计划和市场环境，预测和规划单位的收入和利润水平，为单位的经营决策提供有力支持。通过编制收入、利润计划，可以帮助单位更好地把握市场机遇，优化资源配置，实现经济效益最大化。

（二）办理销售款项结算业务

这包括审核销售合同、确认销售收入、处理销售折扣与折让等事项，确保销售款项的及时回收和准确核算。通过办理销售款项结算业务，可以保障单位的资金安全，维护单位的合法权益。

（三）负责收入和利润的明细核算

这要求核算人员根据会计准则和单位的相关规定，准确核算各项收入、费用和利润项目，确保收入、利润数据的真实性和完整性。通过明细核算，可以为单位的业绩评价、成本控制和利润分配提供可靠依据。

（四）负责利润分配的明细核算

这包括根据单位的利润分配政策，核算各项利润分配项目，如提取盈余公积、分配股利等。通过利润分配的明细核算，可以确保利润分配的合规性和公平性，维护单位的稳定发展和股东的合法权益。

(五) 编制收入和利润报表

通过编制报表，可以清晰地反映单位的收入、利润水平和构成情况，为管理层提供决策依据。同时，核算人员还需要对报表进行分析，总结本单位的财务状况并提出改进意见和建议，促进单位收入、利润管理的持续改进。

(六) 协助有关部门对产成品进行清查盘点

通过参与清查盘点工作，核算人员可以及时了解产成品的实际情况，为后续的核算工作提供准确的数据支持。同时，这也有助于单位加强存货管理，提高资产使用效率。

九、资金核算岗位的职责

(一) 拟定资金管理和核算办法

这包括制定资金使用的规定和流程，确保资金的安全和合规使用。同时，核算人员还需根据单位的实际情况和业务需求，建立资金核算的具体方法和操作规范，为资金的准确核算提供指导。

(二) 编制资金收支计划

这包括预测和规划资金的流入和流出情况，合理安排资金的使用和调度，确保单位的正常运营和发展。

(三) 负责资金调度

这包括根据单位的实际需求和资金状况，合理安排资金的调配和使用，提高资金的使用效益。同时，核算人员还须关注资金市场的动态和变化，为单位的资金运作提供决策支持。

(四) 负责资金筹集的明细分类核算

这包括核算各种筹资方式如借款、发行债券等的成本和使用情况，为单位的筹资决策提供数据支持。通过明细分类核算，可以清晰地反映单位的筹资结构和成本，为优化筹资结构提供依据。

(五) 负责单位各项投资的明细分类核算

这包括核算对外投资如购买股票、债券等的成本、收益和风险情况，为单位的投资决策提供数据支持。通过明细分类核算，可以全面反映单位的投资状况，为优化投资组合和降低投资风险提供依据。

十、往来结算岗位的职责

(一) 建立往来款项结算手续制度

这包括制定明确的结算流程和规定，规范往来款项的确认、记账、核对和结算等操作，确保往来款项的准确性和及时性。

(二) 办理往来款项的结算业务

这包括与供应商、客户等外部单位进行往来款项的核对和结算，确保款项的及时回收和支付。同时，核算人员还须关注往来款项的变动情况，及时处理异常情况，防止坏账和呆账的发生。

(三) 负责往来款项结算的明细核算

这包括根据结算业务的具体情况，对往来款项进行明细分类核算，记录每笔款项的来源、去向和金额等信息。通过明细核算，可以清晰地反映单位的往来款项状况，为管理层提供决策支持。

十一、总账报表岗位的职责

(一) 负责登记总账

核算人员根据记账凭证和明细账的记录，按照规定的科目和账户，准确、及时地登记总账。通过登记总账，可以全面反映单位的财务状况和经营成果，为单位的财务管理提供基础数据。

(二) 负责编制资产负债表、利润表、现金流量表等相关财务会计报表

这包括根据总账和明细账的数据，编制反映单位的资产、负债、所有者权益、收入、费用和现金流动等情况的报表。报表的编制需要遵循会计准则和相关法规的规定，确保报表的准确性和合规性。

(三) 负责管理会计凭证和财务会计报表

这包括凭证的整理、装订和保管工作，确保凭证的完整性和可追溯性。同时，核算人员还须对财务报表进行归档和保管，方便后续查阅和使用。通过有效的凭证和报表管理，可以确保单位财务信息的安全性和完整性。

十二、稽核岗位的职责

(一) 审查财务成本计划

这包括对单位制订的财务成本计划进行全面、细致的审查，确保其符合单位的经营目标和实际情况，同时符合相关法规和会计准则的要求。通过审查财务成本计划，可以确保计划的合理性和可行性，为单位的财务管理提供有力支持。

(二) 审查各项财务收支

这包括对收入、支出、成本、费用等方面的账目进行核对和审查，确保各项收支的真实性和合规性。通过审查财务收支，可以及时发现和纠正存在的错误和违规行为，保障单位的财务安全。

(三) 复核会计凭证和财务会计报表

这包括检查凭证的合规性、完整性和准确性，以及报表的编制是否符合会计准则和相关法规的规定。通过复核工作，可以确保会计信息的真实性和可靠性，为单位的决策提供有力的依据。

十三、税务会计岗位的职责

(一) 办理单位税务上的缴纳、查对、复核等事项

这包括准确计算和及时缴纳各项税款，确保单位的税务合规性。同时，税务会计还须对税务数据进行查对和复核，确保税务申报的准确性和完整性。

(二) 办理有关的免税申请及退税冲账等事项

这要求税务会计人员熟悉税务政策和法规，能够为单位争取到合法的税收优惠政策，从而降低税务负担。

(三) 办理税务登记及变更等有关事项

这包括新设单位的税务登记、单位变更 (如地址、法人等) 后的税务变更登记等。税务会计人员需要及时了解和掌握税务政策的变化，确保单位的税务登记信息准确无误。

(四) 编制有关的税务报表及相关分析报告

这包括各种税务申报表、税务分析报告等，为单位的管理层提供税务方面的决策支持。

除了以上职责外，税务会计还需要办理其他与税务有关的事项。这包括但不限于与税务机关的沟通协调、税务政策的咨询与解答等。税务会计人员需要具备良好的沟通能力和专业素养，以确保单位税务工作的顺利进行。

第二章 资产、负债与净资产的会计核算

资产、负债与净资产是单位财务状况的核心体现。本章详细解析这三者的会计核算方法，帮助读者掌握其核算原则与技巧。通过对资产、负债与净资产的深入剖析，读者将能够更准确地把握单位的财务状况，为决策提供有力的支持。

第一节 资产的会计核算

一、资产概述

资产，是指单位占有或者使用的能以货币计量的经济资源，包括各种财产、债权和其他权利。

(一) 资产的含义及特征

单位的资产具有以下几个特征：

第一，资产的所有权属于国家，占有权或者使用权属于单位。单位必须拥有经济资源法律上的占有权或者使用权，才能将其确认为资产。

第二，资产是单位的一项经济资源，预期能为单位带来经济利益或者服务潜力。资产是单位开展业务活动的物质基础，可以为单位正常运行和完成日常工作任务、特定任务提供或创造条件。

第三，单位不得擅自出租、出借资产，如需出租、出借的，应当按照国家有关规定经主管部门审核同意后，报同级财政部门审批。

第四，单位的资产应当按照国家有关规定实行共享、共用。

（二）资产的内容与分类

单位资产按照流动性，分为流动资产和非流动资产。流动资产是指预计在 1 年内（含 1 年）变现或者耗用的资产。包括货币资金、短期投资、应收及预付款项、存货等。非流动资产是指流动资产以外的资产，主要包括长期投资、在建工程、固定资产、无形资产、长期待摊费用等。

（三）资产的确认与计量

1. 资产的确认

单位对符合资产定义的经济资源，应当在取得对其相关的权利并且能够可靠地进行货币计量时确认。符合资产定义并确认的资产项目，应当列入资产负债表。

在符合资产定义的前提下，资产的确认应当同时满足以下两个条件：第一，资产应当在取得对其相关的权利时确认，相关权利包括占有权、使用权等，此时与该经济资源有关的经济利益或者服务潜力很可能流入单位；第二，资产应当在能够可靠计量时确认，可计量性是会计要素确认的重要前提，相关经济资源的成本或者价值能够可靠计量时才能确认为资产。

2. 资产的计量

单位资产的计量包括资产的初始计量、资产的后续计量及处置。

（1）资产的初始计量

单位的资产应当按照取得时的实际成本进行计量。除国家另有规定外，单位不得自行调整其账面价值。应收及预付款项应当按照实际发生额进行计量。

资产取得时的实际成本的确定，应当区分支付对价和未支付对价两种情况。

第一，以支付对价方式取得的资产，应当按照取得资产时支付的现金或者现金等价物的金额，或者按照取得资产时所付出的非货币性资产的评估价值等金额计量。

第二，取得资产时未支付对价的，其计量金额应当按照有关凭据注明的金额加上相关税费、运输费等确定；没有相关凭据的，其计量金额比照同类或类似资产的市场价格加上相关税费、运输费等确定；没有相关凭据、同类或类似资产的市场价格也无法可靠取得的，所取得的资产应当按照名义金额（人民币1元）入账。

(2) 资产的后续计量及处置

单位不需要对各项资产进行减值测试计提减值准备，后续计量主要是指对固定资产的折旧和无形资产的摊销。单位应当按照《单位财务规则》或相关财务制度的规定确定是否对固定资产计提折旧、对无形资产进行摊销。逾期三年或以上、有确凿证据表明确实无法收回的应收账款、预付账款、其他应收款的账面余额，按规定报经批准后予以核销。处置固定资产、无形资产时，需要将其账面价值转入待处置资产损益。

二、流动资产的会计核算

单位的流动资产包括库存现金、银行存款、零余额账户用款额度、短期投资、财政应返还额度、应收票据、应收股息、应收账款、预付账款、其他应收款、存货待摊费用、一年内到期的长期债权投资、其他流动资金。

(一) 库存现金的会计核算

库存现金，是指单位存放在其财务部门、由出纳人员经管的货币。

1. 库存现金的科目设置

单位设置"库存现金"科目，核算单位库存现金的收付及结存情况。本科目期末借方余额，反映单位实际持有的库存现金。

2. 库存现金的管理要求

按照《现金管理暂行条例》及其实施细则的规定，单位现金的管理应遵循以下要求：

(1) 按规定范围使用现金

单位可以在下列范围内使用现金：职工工资、津贴；个人劳务报酬；根据国家规定颁发给个人的科学技术、文化艺术、体育等各种奖金；各种劳保、福利费用以及国家规定的对个人的其他支出；向个人收购农副产品和其他物资的价款；出差人员必须随身携带的差旅费；结算起点以下的零星支出（结算起点为1000元）；中国人民银行确定需要支付现金的其他支出。除上述业务可以用现金支付外，其他款项的支付应通过开户银行办理转账结算。

（2）严格库存现金限额的管理

库存现金的限额是指为了保证单位日常零星开支的需要，允许单位留存现金的最高数额。开户银行应当根据实际需要，核定开户单位3～5天的日常零星开支所需的库存现金限额。边远地区和交通不便地区的开户单位的库存现金限额，可以多于5天，但不得超过15天的日常零星开支。经核定的库存现金限额，开户单位必须严格遵守。需要增加或者减少库存现金限额的，应当向开户银行提出申请，由开户银行核定。

（3）收支分开，不准坐支现金

单位现金收入应当于当日送存开户银行，当日送存确有困难的，由开户银行确定送存时间。单位支付现金，可以从本单位库存现金限额中支付或者从开户银行提取，不得从本单位的现金收入中直接支付（坐支）。因特殊情况需要坐支现金的，应当事先报经开户银行审查批准，由开户银行核定坐支范围和限额。坐支单位应当定期向开户银行报送坐支金额和使用情况。未经银行批准，单位不得擅自坐支现金。

（4）加强现金收支的日常管理

一是实行钱账分管。二是设置"现金日记账"，由出纳人员根据收付款凭证，按照业务发生顺序逐笔登记。单位如果有外币现金的，应当分别按照人民币、各种外币设置"现金日记账"进行明细核算。每日终了，应当计算当日的现金收入合计数、现金支出合计数和结余数，并将结余数与实际库存数核对，做到账款相符。现金收入业务较多、单独设有收款部门的单位，收款部门的收款员应当将每天所收现金连同收款凭据等一并交财务部门核收记账；或者将每天所收现金直接送存开户银行后，将收款凭据及向银行送存现金的凭证等一并交财务部门核收记账。三是任何现金收付业务的办理，必须以合法的原始凭证为依据。

3.库存现金的账务处理

（1）存取现金

从银行等金融机构提取现金，按照实际提取的金额，借记"库存现金"科目，贷记"银行存款"等科目；将现金存入银行等金融机构，按照实际存入的金额，借记"银行存款"等科目，贷记"库存现金"科目。

（2）借出现金

出于内部职工出差等原因借出的现金，按照实际借出的现金金额，借记"其他应收款"科目，贷记"库存现金"科目；出差人员报销差旅费时，按照应报销的金额，借记有关科目（一般记入管理费用），按照实际借出的现金金额，贷记"其他应收款"科目，按其差额，借记或贷记"库存现金"科目。

（3）现金收支

因开展业务等其他事项收到现金，按照实际收到的金额，借记"库存现金"科目，贷记有关科目；因购买服务或商品等其他事项支出现金，按照实际支出的金额，借记有关科目，贷记"库存现金"科目。

（4）外币收支

单位发生外币业务的，应当按照业务发生当日或当期期初的即期汇率，将外币金额折算为人民币金额记账，并登记外币金额和汇率。期末，各种外币账户的期末余额，应当按照期末的即期汇率折算为人民币，作为外币账户期末人民币余额。调整后的各种外币账户人民币余额与原账面余额的差额，作为汇兑损益计入当期支出。

（5）现金盘点

每日账款核对中发现现金溢余或短缺的，应当及时进行处理。如发现现金溢余，属于应支付给有关人员或单位的部分，经会计主管批准后，借记"库存现金"科目，贷记"其他应付款"科目；属于无法查明原因的部分，经会计主管批准后，借记"库存现金"科目，贷记"其他收入"科目。如发现现金短缺，属于应由责任人赔偿的部分，借记"其他应收款"科目，贷记"库存现金"科目；属于无法查明原因的部分，报经批准后，借记"其他支出"科目，贷记"库存现金"科目。

（二）银行存款的会计核算

银行存款，是指单位存入银行和其他金融机构的各种存款。

1. 银行存款的科目设置

单位设置"银行存款"科目，核算单位银行存款的收付及结存情况。本科目期末借方余额，反映单位实际存放在银行或其他金融机构的款项。

2. 银行存款的管理要求

单位银行存款应遵循以下管理要求：

（1）按照规定开设银行账户

单位应当由财务部门统一开设和管理银行存款账户。单位开设银行存款账户的，应当报主管预算单位和同级财政部门审批，在其指定的银行开户，禁止多头开户。单位的银行存款账户，一般包括基本存款账户、专用存款账户、一般存款账户和临时存款账户。

（2）严格管理银行账户

单位必须按照同级财政部门和中国人民银行规定的用途使用银行账户。不得将预算收入汇缴专用存款账户资金和财政拨款转为定期存款，不得以个人名义存放单位资金，不得出租、转让单位银行账户，不得为个人或其他单位提供信用。

（3）按规定和实际需要选择转账结算方式

单位除了应用现金进行支付的项目外，其他资金支付必须通过银行进行转账。单位通常使用的转账方式包括支票、银行本票、银行汇票、商业汇票、汇兑、委托收款、异地托收承付、公务卡等。

（4）设置"银行存款日记账"

单位应当按开户银行或其他金融机构、存款种类及币种等，分别设置"银行存款日记账"，由出纳人员根据收付款凭证，按照业务的发生顺序逐笔登记，每日终了应结出余额。单位发生外币存款的，应当分别按照人民币、各种外币设置"银行存款日记账"进行明细核算。"银行存款日记账"应定期与"银行对账单"核对，至少每月核对一次。月度终了，单位银行存款账面余额与银行对账单余额之间如有差额，必须逐笔查明原因并进行处理，对于未达账项，应按月编制"银行存款余额调节表"进行调节，使二者余额保持一致。

3. 银行存款的账务处理

（1）款项的存入

将款项存入银行或其他金融机构，借记"银行存款"科目，贷记"库存现金""事业收入""经营收入"等有关科目。

（2）款项的提取和支出

提取和支出存款时，借记有关科目，贷记"银行存款"科目。

（3）外币业务

第一，以外币购买物资、劳务等，按照购入当日的即期汇率将支付的外币或应支付的外币折算为人民币金额，借记有关科目，贷记"银行存款""应付账款"等科目的外币账户。

第二，以外币收取相关款项等，按照收取款项或收入确认当日的即期汇率，将收取的外币或应收取的外币折算为人民币金额，借记"银行存款""应收账款"等科目的外币账户，贷记有关科目。

第三，期末，根据各外币账户按期末汇率调整后的人民币余额与原账面人民币余额的差额，作为汇兑损益，借记或贷记"银行存款""应收账款""应付账款"等科目，贷记或借记"事业支出""经营支出"等科目。

（三）零余额账户用款额度的会计核算

单位零余额账户，是指由同级财政部门为其在商业银行开设的用于本单位财政授权支付的账户。通过该账户，单位可以办理转账、汇兑、委托收款和提取现金等支付结算业务，但单位的非财政性资金不得计入。单位零余额账户是一个过渡账户，而不是实存账户。

零余额账户用款额度是指实行国库集中支付的单位根据财政部门批复的用款计划收到和支用的财政授权支付额度，具有与银行存款相同的支付结算功能。在国库集中收付制度下，单位经财政部门审批，在国库集中支付代理银行开设单位零余额账户，用于财政授权支付的结算。财政部门根据预算安排和资金使用计划，定期向单位的单位零余额账户下达财政授权支付额度。在此额度内，单位可按审批的分月用款计划开具支付令，通知代理银行办理财政授权支付额度的日常支付。

零余额账户用款额度在年度内可累计使用。代理银行在用款额度累计余额内，根据单位支付指令，及时、准确地办理资金支付等业务，并在规定的时间内与国库单一账户清算。

1.零余额账户用款额度的科目设置

单位设置"零余额账户用款额度"科目，核算实行国库集中支付的单位根据财政部门批复的用款计划收到和使用的财政授权支付额度。本科目期末借方余额，反映单位尚未支用的零余额账户用款额度。年终注销处理后，本科目年末应无余额。

2. 零余额账户用款额度的账务处理

（1）下达授权支付额度

在财政授权支付方式下，单位收到代理银行盖章的"财政授权支付到账通知书"时，根据通知书所列数额，借记"零余额账户用款额度"科目，贷记"财政补助收入"科目。

（2）使用财政授权支付额度

按规定支用额度时，借记有关科目，贷记"零余额账户用款额度"科目。从零余额账户提取现金时，借记"库存现金"科目，贷记"零余额账户用款额度"科目。

（3）财政授权支付额度退回

因购货退回等发生国库授权支付额度退回的，属于以前年度支付的款项，按照退回金额，借记"零余额账户用款额度"科目，贷记"财政补助结转""财政补助结余""存货"等有关科目；属于本年度支付的款项，按照退回金额，借记"零余额账户用款额度"科目，贷记"事业支出""存货"等有关科目。

（4）财政授权支付额度的年终结余事项

年度终了，依据代理银行提供的对账单作注销额度的相关账务处理，借记"财政应返还额度——财政授权支付"科目，贷记"零余额账户用款额度"科目。单位本年度财政授权支付预算指标数大于零余额账户用款额度下达数的，根据未下达的用款额度，借记"财政应返还额度——财政授权支付"科目，贷记"财政补助收入"科目。

下年年初，单位依据代理银行提供的额度恢复到账通知书作恢复额度的相关账务处理，借记"零余额账户用款额度"科目，贷记"财政应返还额度——财政授权支付"科目。单位收到财政部门批复的上年年末未下达零余额账户用款额度的，借记"零余额账户用款额度"科目，贷记"财政应返还额度——财政授权支付"科目。

(四) 短期投资的会计核算

短期投资，是指单位依法取得的，持有时间不超过 1 年 (含 1 年) 的投资，主要是国债投资。

1. 短期投资的科目设置

单位应当严格遵守国家法律、行政法规以及财政部门、主管部门关于对外投资的有关规定，单位按规定可以利用货币资金购入国家发行的公债。单位的短期投资主要是国债投资。单位设置"短期投资"科目，核算单位依法取得的短期国债投资。本科目应当按照国债投资的种类等进行明细核算。本科目期末借方余额，反映单位持有的短期投资成本。

2. 短期投资的账务处理

(1) 取得短期投资

短期投资在取得时，应当按照其实际成本 (包括购买价款以及税金、手续费等相关税费) 作为投资成本，借记"短期投资"科目，贷记"银行存款"等科目。

(2) 持有期间的利息

短期投资持有期间收到利息时，按实际收到的金额，借记"银行存款"科目，贷记"其他收入——投资收益"科目。

(3) 出售或到期收回

出售短期投资或到期收回短期国债本息时，应按照实际收到的金额，借记"银行存款"科目，同时按照出售或收回短期国债的成本，贷记"短期投资"科目，按其差额，贷记或借记"其他收入——投资收益"科目。

(五) 财政应返还额度的会计核算

财政应返还额度，是指实行国库集中支付的单位应收财政返还的资金额度，即单位年终注销的、需要在次年恢复的年度未实现的用款额度。实行国库集中收付制度后，单位的财政经费由财政部门通过国库单一账户体系支付。单位的年度预算指标包括财政直接支付额度和财政授权支付额度。

在财政直接支付方式下，单位在财政直接支付额度内根据批准的分月用款计划，提出支付申请，财政部门审核后签发支付令，通过财政零余额账户实现日常支付。

在财政授权支付方式下，由财政部门先对单位零余额账户下达本月授权支付的用款额度，单位在该额度内可自行签发支付令，通过单位零余额账户实现日常支付与取现需求。

年度终了，单位需要对本年度未实现的用款额度进行注销，形成财政应返还额度，以待次年初予以恢复。

单位的财政应返还额度包括财政应返还直接支付额度和财政应返还授权支付额度。

财政应返还直接支付额度是指被注销的未使用直接支付的额度，即财政直接支付额度本年预算指标数与当年财政直接支付额度实际支出数的差额。

财政应返还授权支付额度是指被注销的财政授权支付未下达和未使用的额度。即财政授权支付额度本年预算指标数与当年单位授权支付实际支出数的差额，包括两个部分：一是未下达的授权支付额度，是指当年预算已经安排，但财政部门当年没有下达到单位的单位零余额账户的授权支付额度，即授权支付额度的本年预算指标数与当年下达数之间的差额；二是未使用的授权支付额度，是指财政部门已经将授权支付额度下达到单位的单位零余额账户，但单位当年尚未使用的额度，即授权支付额度的本年下达数与当年实际使用数之间的差额。

1. 财政应返还额度的科目设置

单位设置"财政应返还额度"科目，核算实行国库集中支付的单位应收财政返还的资金额度。本科目应当设置"财政直接支付""财政授权支付"两个明细科目，进行明细核算。本科目期末借方余额，反映单位应收财政返还的资金额度。

2. 财政应返还额度账务处理

（1）财政直接支付方式下

年度终了，单位根据本年度财政直接支付预算指标数与当年财政直接支付实际支出数的差额，借记"财政应返还额度——财政直接支付"科目，贷记"财政补助收入"科目。

下年年初，收到恢复财政直接支付额度通知书时无须作会计分录，不冲销"财政应返还额度——财政直接支付"科目，只进行预算记录。

单位使用已恢复的财政直接支付额度进行支付时，借记有关科目，贷记"财政应返还额度——财政直接支付"科目。

(2) 财政授权支付方式下

年度终了，单位依据代理银行提供的对账单作注销未使用额度的相关账务处理，借记"财政应返还额度——财政授权支付"科目，贷记"零余额账户用款额度"科目。单位本年度财政授权支付预算指标数大于零余额账户用款额度下达数的，根据未下达的用款额度，借记"财政应返还额度——财政授权支付"科目，贷记"财政补助收入"科目。

下年年初，单位依据代理银行提供的财政授权支付额度恢复到账通知书作恢复额度的相关账务处理，借记"零余额账户用款额度"科目，贷记"财政应返还额度——财政授权支付"科目。单位收到财政部门批复的上年末未下达零余额账户用款额度时，借记"零余额账户用款额度"科目，贷记"财政应返还额度——财政授权支付"科目。

单位使用已恢复的财政授权支付额度，应当根据支付的经济内容，借记相应的支出或资产类科目，贷记"零余额账户用款额度"科目。

(六) 应收票据的会计核算

应收票据，是单位因开展经营活动销售产品、提供有偿服务等而收到的商业汇票。

1. 应收票据的商业汇票的分类

(1) 按照承兑人的不同，商业汇票可分为商业承兑汇票和银行承兑汇票

商业承兑汇票是由收款人签发，经付款人承兑或由付款人签发并承兑的汇票。商业承兑汇票到期时，若付款银行账户资金不足以支付款项时，银行则将商业承兑汇票退给收款人，由购销双方自行解决，银行不负责任。

银行承兑汇票是由收款人或承兑申请人签发，并由承兑申请人向开户银行申请，经银行审查同意后承兑的汇票。银行承兑汇票到期时，如购货单位未能将票据交存银行，则银行向收款人或贴现银行无条件支付票款。

(2) 按照是否计息，商业汇票可分为带息商业汇票和不带息商业汇票

带息商业汇票是指注明票面利率和支付日期的票据。带息商业汇票到

期时，收款人根据票据面值和利息收取本息。不带息商业汇票是指票据上无利息的票据。不带息商业汇票到期时，收款人仅根据票据面值收取款项，不涉及利息。

2. 应收票据的科目设置

单位设置"应收票据"科目，核算单位因开展经营活动销售产品、提供有偿服务等收到的商业汇票。本科目应当按照开出、承兑商业汇票的单位等进行明细核算。本科目期末借方余额，反映单位持有的商业汇票票面金额。

单位应当设置"应收票据备查簿"，逐笔登记每一应收票据的种类、号数、出票日期、到期日、票面金额、交易合同号和付款人、承兑人、背书人姓名或单位名称、背书转让日、贴现日期、贴现率和贴现净额、收款日期、收回金额和退票情况等资料。应收票据到期结清票款或退票后，应当在备查簿内逐笔注销。

3. 应收票据的账务处理

（1）收到票据

因销售产品、提供服务等收到商业汇票，按照商业汇票的票面金额，借记"应收票据"科目，按照确认的收入金额，贷记"经营收入"等科目，按照应缴增值税金额，贷记"应缴税费——应缴增值税"科目。

（2）兑付票据

商业汇票到期时，应当分别按以下情况处理：

第一，收回应收票据，按照实际收到的商业汇票票面金额，借记"银行存款"科目，贷记"应收票据"科目。

第二，因付款人无力支付票款，收到银行退回的商业承兑汇票、委托收款凭证、未付票款通知书或拒付款证明等，按照商业汇票的票面金额，借记"应收账款"科目，贷记"应收票据"科目。

（3）贴现票据

持未到期的商业汇票向银行贴现，按照实际收到的金额（扣除贴现息后的净额），借记"银行存款"科目，按照贴现息，借记"经营支出"等科目，按照商业汇票的票面金额，贷记"应收票据"科目。

贴现所得金额计算如下：

贴现所得＝票据到期值－贴现息

贴现息＝票据到期值 × 贴现率 × 贴现月数 /12

票据到期值＝票据面值＋票据面值 × 票面利率 × 期限 /12

（4）转让票据

将持有的商业汇票背书转让以取得所需物资时，按照取得物资的成本，借记有关科目，按照商业汇票的票面金额，贷记"应收票据"科目，如有差额，借记或贷记"银行存款"等科目。

（七）应收账款的会计核算

应收账款，是指单位因开展经营活动销售产品、提供有偿服务等应向购买单位收取的款项。

1. 应收账款的科目设置

单位设置"应收账款"科目，本科目应当按照购货、接受劳务单位（或个人）进行明细核算。本科目期末借方余额，反映单位尚未收回的应收账款。

2. 应收账款的账务处理

（1）发生应收账款

发生应收账款时，按照应收未收金额，借记"应收账款"科目，按照确认的收入金额，贷记"经营收入"等科目，按照应缴增值税金额，贷记"应缴税费——应缴增值税"科目。

（2）收回应收账款

收回应收账款时，按照实际收到的金额，借记"银行存款"等科目，贷记"应收账款"科目。

（3）坏账核销

单位的应收账款无须计提坏账准备。对于逾期三年或以上、有确凿证据表明确实无法收回的应收账款，按规定报经批准后应予以核销。核销的应收账款应在备查簿中保留登记。

第一，转入待处置资产时，按照待核销的应收账款金额，借记"待处置资产损益"科目，贷记"应收账款"科目。

第二，报经批准予以核销时，借记"其他支出"科目，贷记"待处置资产损益"科目。

第三，已核销应收账款在以后期间又收回的，按照实际收回的金额，借记"银行存款"等科目，贷记"其他收入"科目。

(八) 预付账款的会计核算

预付账款，是指单位按照购货、劳务合同的规定预付给供应单位的款项。

1. 预付账款的科目设置

单位设置"预付账款"科目，本科目应当按照供应单位 (或个人) 进行明细核算。单位应当通过明细核算或辅助登记方式，登记预付账款的资金性质 (区分财政补助资金、非财政专项资金和其他资金)。本科目期末借方余额，反映单位实际预付但尚未结算的款项。

2. 预付账款的账务处理

(1) 发生预付账款

发生预付账款时，按照实际预付的金额，借记"预付账款"科目，贷记"零余额账户用款额度""财政补助收入""银行存款"等科目。

(2) 收到物资或劳务

收到所购物资或劳务，按照购入物资或劳务的成本，借记有关科目，按照相应预付账款金额，贷记"预付账款"科目，按照补付的款项，贷记"零余额账户用款额度""财政补助收入""银行存款"等科目。收到所购固定资产、无形资产的，按照确定的资产成本，借记"固定资产""无形资产"科目，贷记"非流动资产基金——固定资产、无形资产"科目；同时，按资产购置支出，借记"事业支出""经营支出"等科目，按照相应预付账款金额，贷记"预付账款"科目，按照补付的款项，贷记"零余额账户用款额度""财政补助收入""银行存款"等科目。

(3) 坏账核销

逾期三年或以上、有确凿证据表明出于供货单位破产、撤销等原因已无望再收到所购物资，且确实无法收回的预付账款，按规定报经批准后予以核销。核销的预付账款应在备查簿中保留登记。

第一，转入待处置资产时，按照待核销的预付账款金额，借记"待处置资产损益"科目，贷记"预付账款"科目。

第二，报经批准予以核销时，借记"其他支出"科目，贷记"待处置资产损益"科目。

第三，已核销预付账款在以后期间收回的，按照实际收回的金额，借记"银行存款"等科目，贷记"其他收入"科目。

(九) 其他应收款的会计核算

其他应收款，是单位除财政应返还额度、应收票据、应收账款、预付账款以外的其他各项应收及暂付款项。如职工预借的差旅费、拨付给单位内部有关部门的备用金、应向职工收取的各种垫付款项等。

1.其他应收款的科目设置

单位设置"其他应收款"科目，本科目应当按照其他应收款的类别以及债务单位 (或个人) 进行明细核算。本科目期末借方余额，反映单位尚未收回的其他应收款。

2.其他应收款的账务处理

(1) 发生其他应收款。发生其他各种应收及暂付款项时，借记"其他应收款"科目，贷记"银行存款""库存现金"等科目。

(2) 收回或转销其他应收款。收回或转销其他各种应收及暂付款项时，借记"库存现金""银行存款"等科目，贷记"其他应收款"科目。

(3) 发放备用金

单位内部实行备用金制度的，有关部门使用备用金以后应当及时到财务部门报销并补足备用金。财务部门核定并发放备用金时，借记"其他应收款"科目，贷记"库存现金"等科目。根据报销数用现金补足备用金定额时，借记有关科目，贷记"库存现金"等科目，报销数和拨补数都不再通过本科目核算。

(4) 坏账核销

逾期三年或以上、有确凿证据表明确实无法收回的其他应收款，按规定报经批准后予以核销。核销的其他应收款应在备查簿中保留登记。

第一，转入待处置资产时，按照待核销的其他应收款金额，借记"待处置资产损益"科目，贷记"其他应收款"科目。

第二，报经批准予以核销时，借记"其他支出"科目，贷记"待处置资产损益"科目。

第三，已核销其他应收款在以后期间收回的，按照实际收回的金额，借记"银行存款"等科目，贷记"其他收入"科目。

（十）存货的会计核算

存货，是指单位在开展业务活动及其他活动中为耗用而储存的资产，包括各种材料、在产品、半成品、产成品或库存商品、包装物、低值易耗品、委托加工物资等以及达不到固定资产标准的用具、装具、动植物等。单位为开展业务活动及其他活动会耗用一定的材料用品，这些材料用品购入时，需要进入仓库管理，以后再领用。单位应当建立健全存货的内部管理制度，对存货进行定期或者不定期的清查盘点，保证账实相符。

1. 存货的科目设置

单位设置"存货"科目，用于核算单位在日常经营活动中所消耗的半成品或产成品等的实际成本。单位随买随用的零星办公用品，可以在购进时直接列作支出，不通过本科目核算。本科目应当按照存货的种类、规格、保管地点等进行明细核算。单位应当通过明细核算或辅助登记方式，登记取得存货成本的资金来源（区分财政补助资金、非财政专项资金和其他资金）。发生自行加工存货业务的单位，应当在本科目下设置"生产成本"明细科目，归集核算自行加工存货所发生的实际成本（包括耗用的直接材料费用、发生的直接人工费用和分配的间接费用）。本科目期末借方余额，反映单位存货的实际成本。

2. 存货的账务处理

（1）存货的取得

单位存货的取得，包括购入、自行加工、接受捐赠、无偿调入等多种方式。单位取得存货的资金来源，可能是财政性资金，也可能是非财政性资金。如果单位用财政性资金采购存货，需要纳入政府采购的规范，并设置"存货明细账（或备查账）"登记存货的资金来源。存货在取得时，应当按照其实际成本入账。

第一，购入的存货。

购入的存货，其实际成本包括购买价款、相关税费、运输费、装卸费、保险费以及使存货达到目前场所和状态所发生的其他支出。

购入存货所负担的增值税进项税额是否计入存货的入账价值需要考虑

两方面的因素：一是作为购货方的单位是一般纳税人还是小规模纳税人，二是购进的存货是自用还是非自用。

单位属于小规模纳税人的，其购入的存货无论是自用还是非自用，验收入库时，都应当按照实际支付的含税价格，借记"存货"科目，贷记"银行存款""应付账款""财政补助收入""零余额账户用款额度"等科目。

单位属于一般纳税人的，其购入的自用存货验收入库时，应当按照实际支付的含税价格，借记"存货"科目，贷记"银行存款""应付账款""财政补助收入""零余额账户用款额度"等科目；其购入的非自用存货（如用于生产对外销售的产品）验收入库时，应当按照实际支付的不含税价格，借记"存货"科目，按增值税专用发票上注明的增值税额，借记"应缴税费——应缴增值税（进项税额）"科目，按实际支付或应付的金额，贷记"银行存款""应付账款"等科目。

第二，自行加工的存货。

单位自行加工的存货，其成本包括耗用的直接材料费用、发生的直接人工费用和按照一定方法分配的与存货加工有关的间接费用。

自行加工的存货在加工过程中发生各种费用时，借记"存货——生产成本"科目，贷记"存货——领用材料相关的明细"科目和"应付职工薪酬""银行存款"等科目。

加工完成的存货验收入库，按照所发生的实际成本，借记"存货——加工完成的存货相关的明细"科目，贷记"存货——生产成本"科目。

第三，接受捐赠、无偿调入的存货。

接受捐赠、无偿调入的存货，其成本按照有关凭据注明的金额加上相关税费、运输费等确定；没有相关凭据的，其成本比照同类或类似存货的市场价格加上相关税费、运输费等确定；没有相关凭据、同类或类似存货的市场价格也无法可靠取得的，该存货按照名义金额（人民币1元，下同）入账。相关财务制度仅要求进行实物管理的除外。

接受捐赠、无偿调入的存货验收入库，借记"存货"科目，按照发生的相关税费、运输费等，贷记"银行存款"等科目，按照其差额，贷记"其他收入"科目。

按照名义金额入账的情况下，按照名义金额，借记"存货"科目，贷记

"其他收入"科目；按照发生的相关税费、运输费等，借记"其他支出"科目，贷记"银行存款"等科目。

（2）存货发出

存货在发出时，应当根据实际情况采用先进先出法、加权平均法或者个别计价法确定发出存货的实际成本。计价方法一经确定，不得随意变更。低值易耗品的成本于领用时一次摊销。

第一，开展业务活动等领用、发出存货，按领用、发出存货的实际成本，借记"事业支出""经营支出"等科目，贷记"存货"科目。

第二，对外捐赠、无偿调出存货，转入待处置资产时，按照存货的账面余额，借记"待处置资产损益"科目，贷记"存货"科目。属于增值税一般纳税人的单位对外捐赠、无偿调出购进的非自用材料，转入待处置资产时，按照存货的账面余额与相关增值税进项税额转出金额的合计金额，借记"待处置资产损益"科目，按存货的账面余额，贷记"存货"科目，按转出的增值税进项税额，贷记"应缴税费——应缴增值税（进项税额转出）"科目。实际捐出、调出存货时，按照"待处置资产损益"科目的相应余额，借记"其他支出"科目，贷记"待处置资产损益"科目。

（3）存货的清查盘点

单位的存货应当定期进行清查盘点，每年至少盘点一次。对于发生的存货盘盈、盘亏或者报废、毁损等情况，应当及时查明原因，按规定报经批准后进行账务处理。

第一，盘盈的存货，按照同类或类似存货的实际成本或市场价格确定入账价值；同类或类似存货的实际成本、市场价格均无法可靠取得的，按照名义金额入账。盘盈的存货，按照确定的入账价值，借记"存货"科目，贷记"其他收入"科目。

第二，盘亏或者毁损、报废的存货，转入待处置资产时，按照待处置存货的账面余额，借记"待处置资产损益"科目，贷记"存货"科目。属于增值税一般纳税人的单位购进的非自用材料发生盘亏或者毁损、报废的，转入待处置资产时，按照存货的账面余额与相关增值税进项税额转出金额的合计金额，借记"待处置资产损益"科目，按存货的账面余额，贷记"存货"科目，按转出的增值税进项税额，贷记"应缴税费——应缴增值税（进项税额转出)"科目。报经批准予以处置时,按照"待处置资产损益"科目的相应余额,借记"其他支出"科目,贷记"待处置资产损益"科目。

处置存货过程中所取得的收入、发生的费用,以及处置收入扣除相关处置费用后的净收入的账务处理,参见"待处置资产损益"科目。

三、非流动资产的会计核算

单位的非流动资产是指除流动资产以外的资产,包括长期投资、在建工程、固定资产、无形资产等。

(一)长期投资的会计核算

长期投资,是指单位依法取得的,持有时间超过1年(不含1年)的各种股权和债权性质的投资。长期投资包括债券投资和股权投资。债权投资是单位利用货币资金购买国债的方式取得的投资。股权投资是单位利用货币资金、实物和无形资产方式向其他单位投资入股而取得的投资。

1. 长期投资的科目设置

单位设置"长期投资"科目,核算单位依法取得的,持有时间超过1年(不含1年)的股权和债权性质的投资。本科目应当按照长期投资的种类和被投资单位等进行明细核算。本科目期末借方余额,反映单位持有的长期投资成本。

2. 长期投资的账务处理

(1)长期股权投资

第一,长期股权投资的取得。

取得长期股权投资的方式包括以货币资金购入、以固定资产对外投资、以无形资产对外投资等。长期股权投资在取得时,应当按照其实际成本作为投资成本。

以货币资金取得的长期股权投资,按照实际支付的全部价款(包括购买价款以及税金、手续费等相关税费)作为投资成本,借记"长期投资"科目,贷记"银行存款"等科目;同时,按照投资成本金额,借记"事业基金"科目,贷记"非流动资产基金——长期投资"科目。

以固定资产取得的长期股权投资,按照投出固定资产的评估价值加上相关税费作为投资成本，借记"长期投资"科目，贷记"非流动资产基金——长期投资"科目，按发生的相关税费，借记"其他支出"科目，贷记"银行存款""应缴税费"等科目；同时，按照投出固定资产对应的非流动资产基金，借记"非流动资产基金——固定资产"科目，按照投出固定资产已计提折旧，借记"累计折旧"科目，按投出固定资产的账面余额，贷记"固定资产"科目。

以已入账无形资产取得的长期股权投资，按照投出无形资产的评估价值加上相关税费作为投资成本，借记"长期投资"科目，贷记"非流动资产基金——长期投资"科目，按发生的相关税费，借记"其他支出"科目，贷记"银行存款""应缴税费"等科目；同时，按照投出无形资产对应的非流动资产基金，借记"非流动资产基金——无形资产"科目，按照投出无形资产已计提摊销，借记"累计摊销"科目，按照投出无形资产的账面余额，贷记"无形资产"科目。以未入账无形资产取得的长期股权投资，按照评估价值加上相关税费作为投资成本，借记"长期投资"科目，贷记"非流动资产基金——长期投资"科目，按发生的相关税费，借记"其他支出"科目，贷记"银行存款""应缴税费"等科目。

第二，长期股权投资的收益。

长期股权投资持有期间，收到利润等投资收益时，按照实际收到的金额，借记"银行存款"等科目，贷记"其他收入——投资收益"科目。

第三，长期股权投资的损失。

出于被投资单位破产清算等原因，有确凿证据表明长期股权投资发生损失，按规定报经批准后予以核销。将待核销长期股权投资转入待处置资产时，按照待核销的长期股权投资账面余额，借记"待处置资产损益"科目，贷记"长期投资"科目。报经批准予以核销时，借记"非流动资产基金——长期投资"科目，贷记"待处置资产损益"科目。

第四，长期股权投资的转让。

单位转让长期股权投资，转入待处置资产时，按照待转让长期股权投资的账面余额，借记"待处置资产损益——处置资产价值"科目，贷记"长期投资"科目。实际转让时，按照所转让长期股权投资对应的非流动资产基金，借记"非流动资产基金——长期投资"科目，贷记"待处置资产损益——处置资产价值"科目。

转让长期股权投资过程中取得价款、发生相关税费，以及转让价款扣除相关税费后的净收入的账务处理，参见"待处置资产损益"科目。

(2) 长期债券投资

第一，长期债券投资的取得。

债券投资是单位通过货币资金购买国债的方式取得的投资。长期债券投资在取得时，应当按照其实际成本作为投资成本。以货币资金购入的长期债券投资，按照实际支付的全部价款（包括购买价款以及税金、手续费等相关税费）作为投资成本，借记"长期投资"科目，贷记"银行存款"等科目；同时，按照投资成本金额，借记"事业基金"科目，贷记"非流动资产基金——长期投资"科目。

第二，长期债券投资的利息。

长期债券投资持有期间收到利息时，按照实际收到的金额，借记"银行存款"等科目，贷记"其他收入——投资收益"科目。

第三，长期债券投资的到期和转让。

对外转让或到期收回长期债券投资本息时，按照实际收到的金额，借记"银行存款"等科目，按照收回长期投资的成本，贷记"长期投资"科目，按照其差额，贷记或借记"其他收入——投资收益"科目；同时，按照收回长期投资对应的非流动资产基金，借记"非流动资产基金——长期投资"科目，贷记"事业基金"科目。

(二) 固定资产的会计核算

固定资产，是指单位持有的使用期限超过 1 年 (不含 1 年)、单位价值在规定标准以上，并在使用过程中基本保持原有物质形态的资产。

单位的固定资产一般分为六类：①房屋及构筑物；②专用设备；③通用设备；④文物和陈列品；⑤图书、档案；⑥家具、用具、装具及动植物。

1. 固定资产的科目设置

单位设置"固定资产"科目，核算单位固定资产的原价。单位应当根据固定资产定义，结合本单位的具体情况，制定适合本单位的固定资产目录、具体分类方法，作为进行固定资产核算的依据。单位应当设置"固定资产登记簿"和"固定资产卡片"，按照固定资产类别、项目和使用部门等进行明细核算。出租、出借的固定资产，应当设置固定资产备查簿进行登记。本科目期末借方余额，反映单位固定资产的原值。

单位"固定资产"科目核算的内容包括：

（1）符合上述单位固定资产定义的资产。

（2）对于应用软件，如果其构成相关硬件不可缺少的组成部分，应当将该软件价值包括在所属硬件价值中，一并作为固定资产进行核算；如果其不构成相关硬件不可缺少的组成部分，应当将该软件作为无形资产核算。

（3）以融资租赁方式租入的固定资产，作为单位的固定资产核算；以经营租赁方式租入的固定资产，其所有权仍属于出租单位，不作为固定资产核算，应当另设固定资产备查簿进行登记。

2. 固定资产的账务处理

（1）固定资产的取得

固定资产可以通过多种方式取得，主要包括外购、自行建造、改扩建、修缮融资租赁、接受捐赠、无偿调入等。固定资产在取得时，应当按照其实际成本入账。

第一，外购的固定资产。

单位以货币资金购入固定资产时，其成本包括购买价款、相关税费以及固定资产交付使用前所发生的可归属于该项资产的运输费、装卸费、安装调试费和专业人员服务费等。以一笔款项购入多项没有单独标价的固定资产，按照各项固定资产同类或类似资产市场价格的比例对总成本进行分配，分别确定各项固定资产的入账成本。

购入不需安装的固定资产，按照确定的固定资产成本，借记"固定资产"科目，贷记"非流动资产基金——固定资产"科目；同时，按照实际支付金额，借记"事业支出""经营支出""专用基金——修购基金"等科目，贷记"财政补助收入""零余额账户用款额度""银行存款"等科目。

购入需要安装的固定资产，先通过"在建工程"科目核算。借记"在建工程"科目，贷记"财政补助收入""零余额账户用款额度""银行存款"等科目；安装完工交付使用时，借记"固定资产"科目，贷记"非流动资产基金——固定资产"科目；同时，借记"非流动资产基金——在建工程"科目，贷记"在建工程"科目。

购入固定资产扣留质量保证金的,应当在取得固定资产时,按照确定的成本,借记"固定资产"科目(不需安装)或"在建工程"科目(需要安装),贷记"非流动资产基金——固定资产、在建工程"科目。同时取得固定资产全款发票的,应当同时按照构成资产成本的全部支出金额,借记"事业支出""经营支出""专用基金——修购基金"等科目,按照实际支付金额,贷记"财政补助收入""零余额账户用款额度""银行存款"等科目,按照扣留的质量保证金,贷记"其他应付款"[扣留期在1年以内(含1年)]或"长期应付款"(扣留期超过1年)科目;取得的发票金额不包括质量保证金的,应当同时按照不包括质量保证金的支出金额,借记"事业支出""经营支出""专用基金——修购基金"等科目,贷记"财政补助收入""零余额账户用款额度""银行存款"等科目。质保期满支付质量保证金时,借记"其他应付款""长期应付款"科目,或借记"事业支出""经营支出""专用基金——修购基金"等科目,贷记"财政补助收入""零余额账户用款额度""银行存款"等科目。

第二,自行建造的固定资产。

单位自行建造的固定资产,其成本包括建造该项资产至交付使用前所发生的全部必要支出。工程完工交付使用时,按自行建造过程中发生的实际支出,借记"固定资产"科目,贷记"非流动资产基金——固定资产"科目;同时,借记"非流动资产基金——在建工程"科目,贷记"在建工程"科目。已交付使用但尚未办理竣工决算手续的固定资产,按照估计价值入账,待确定实际成本后再进行调整。

第三,固定资产的改建、扩建、修缮。

在原有固定资产基础上进行改建、扩建、修缮后的固定资产,其成本按照原固定资产账面价值("固定资产"科目账面余额减去"累计折旧"科目账面余额后的净值)加上改建、扩建、修缮发生的支出,再扣除固定资产拆除部分的账面价值后的金额确定。

将固定资产转入改建、扩建、修缮时,按固定资产的账面价值,借记"在建工程"科目,贷记"非流动资产基金——在建工程"科目;同时,按固定资产对应的非流动资产基金,借记"非流动资产基金——固定资产"科目,按固定资产已计提折旧,借记"累计折旧"科目,按固定资产的账面余额，贷记"固定资产"科目。工程完工交付使用时，借记"固定资产"科目，贷记"非流动资产基金——固定资产"科目；同时，借记"非流动资产基金——在建工程"科目，贷记"在建工程"科目。

第四，融资租入的固定资产。

单位以融资租赁方式租入的固定资产，其成本按照租赁协议或者合同确定的租赁价款、相关税费以及固定资产交付使用前所发生的可归属于该项资产的运输费、途中保险费、安装调试费等确定。

取得固定资产时，按照确定的成本，借记"固定资产"科目（不需安装）或"在建工程"科目（需安装），按照租赁协议或者合同确定的租赁价款，贷记"长期应付款"科目，按照其差额，贷记"非流动资产基金——固定资产、在建工程"科目。同时，按照实际支付的相关税费、运输费、途中保险费、安装调试费等，借记"事业支出""经营支出"等科目，贷记"财政补助收入""零余额账户用款额度""银行存款"等科目。

定期支付租金时，按照支付的租金金额，借记"事业支出""经营支出"等科目，贷记"财政补助收入""零余额账户用款额度""银行存款"等科目；同时，借记"长期应付款"科目，贷记"非流动资产基金——固定资产"科目。

跨年度分期付款购入固定资产的账务处理，参照融资租入的固定资产。

第五，接受捐赠、无偿调入的固定资产。

单位接受捐赠、无偿调入固定资产时，其成本按照有关凭据注明的金额加上相关税费、运输费等确定；没有相关凭据的，其成本比照同类或类似固定资产的市场价格加上相关税费、运输费等确定；没有相关凭据、同类或类似固定资产的市场价格也无法可靠取得的，该固定资产按照名义金额入账。

接受捐赠、无偿调入的固定资产，按照确定的固定资产成本，借记"固定资产"科目（不需安装）或"在建工程"科目（需安装），贷记"非流动资产基金——固定资产、在建工程"科目；按照发生的相关税费、运输费等，借记"其他支出"科目，贷记"银行存款"等科目。

（2）固定资产的折旧

按月计提固定资产折旧时，按照实际计提金额，借记"非流动资产基金——固定资产"科目，贷记"累计折旧"科目。关于固定资产折旧的范围、方法等详细情况参见"累计折旧"科目。

（3）固定资产的后续支出

与固定资产有关的后续支出，应分别按以下情况处理：

第一，为增加固定资产使用效能或延长其使用年限而发生的改建、扩建或修缮等后续支出，应当计入固定资产成本，通过"在建工程"科目核算，完工交付使用时转入本科目。有关账务处理参见"在建工程"科目。

第二，为维护固定资产的正常使用而发生的日常修理等后续支出，应当计入当期支出但不计入固定资产成本，借记"事业支出""经营支出"等科目，贷记"财政补助收入""零余额账户用款额度""银行存款"等科目。

（4）固定资产的处置

固定资产的处置方式包括出售、对外捐赠、无偿调出、对外投资等。

第一，出售、对外捐赠、无偿调出固定资产。转入待处置资产时，按照待处置固定资产的账面价值，借记"待处置资产损益"科目，按照已计提折旧，借记"累计折旧"科目，按照固定资产的账面余额，贷记"固定资产"科目。

实际出售、捐出、调出时，按照处置固定资产对应的非流动资产基金，借记"非流动资产基金——固定资产"科目，贷记"待处置资产损益"科目。

出售固定资产过程中取得价款、发生相关税费，以及出售价款扣除相关税费后的净收入的账务处理，参见"待处置资产损益"科目。

第二，以固定资产对外投资。单位以固定资产取得长期股权投资时，按照评估价值加上相关税费作为投资成本，借记"长期投资"科目，贷记"非流动资产基金——长期投资"科目，按发生的相关税费，借记"其他支出"科目，贷记"银行存款""应缴税费"等科目；同时，按照投出固定资产对应的非流动资产基金，借记"非流动资产基金——固定资产"科目，按照投出固定资产已计提折旧，借记"累计折旧"科目，按照投出固定资产的账面余额，贷记"固定资产"科目。

（5）固定资产的清查盘点

单位的固定资产应当定期进行清查盘点，每年至少盘点一次。对于发生的固定资产盘盈、盘亏或者报废、毁损，应当及时查明原因，按规定报经批准后进行账务处理。

第一，盘盈的固定资产。按照同类或类似固定资产的市场价格确定入账价值；同类或类似固定资产的市场价格无法可靠取得的，按照名义金额入账。盘盈的固定资产，按照确定的入账价值，借记"固定资产"科目，贷记"非流动资产基金——固定资产"科目。

第二，盘亏或者毁损、报废的固定资产。转入待处置资产时，按照待处置固定资产的账面价值，借记"待处置资产损益"科目，按照已计提折旧，借记"累计折旧"科目，同时也要计提固定资产减值准备，借记"固定资产减值准备"科目，按照固定资产的账面余额，贷记"固定资产"科目。

报经批准予以处置时，按照处置固定资产对应的非流动资产基金，借记"非流动资产基金——固定资产"科目，贷记"待处置资产损益"科目。

处置毁损、报废固定资产过程中所取得的收入、发生的相关费用，以及处置收入扣除相关费用后的净收入的账务处理，参见"待处置资产损益"科目。

(三) 累计折旧的会计核算

固定资产折旧是指在固定资产使用寿命内，按照确定的方法对应计折旧额进行的系统分摊。使用寿命是指固定资产预期使用的期限。固定资产在使用过程中由于磨损等原因会导致其价值贬损，为真实反映固定资产的价值，单位可以建立固定资产折旧制度，对固定资产进行后续计量。

1. 累计折旧的科目设置

单位设置"累计折旧"科目，核算单位固定资产计提的累计折旧。本科目应当按照所对应固定资产的类别、项目等进行明细核算。本科目期末贷方余额，反映单位计提的固定资产折旧累计数。

2. 固定资产折旧的范围

单位固定资产折旧的范围主要包括房屋及构筑物、专用设备、通用设备等。文物和陈列品、动植物、图书、档案、以名义金额计量的固定资产不计提折旧。

3. 固定资产折旧的方法

固定资产折旧方法指将应折旧金额在固定资产各使用期间进行分配时所采用的具体计算方法。

应折旧金额是指应当计提折旧的固定资产的原价扣除其预计净残值后的金额。单位固定资产的应折旧金额为其成本，计提单位固定资产折旧不考虑预计净残值。

固定资产折旧的方法主要包括：年限平均法、工作量法、双倍余额递减法和年数总和法。单位一般采用年限平均法或工作量法计提固定资产折旧。

（1）年限平均法

又称直线法，是指将固定资产的应折旧金额均衡地分摊到固定资产预计使用年限内的方法。采用这种方法计提的每期折旧额相等。其计算公式如下：

年折旧额＝固定资产原价 ÷ 预计使用年限

月折旧额＝固定资产年折旧额 ÷12

（2）工作量法

是根据固定资产在折旧年限内的实际工作量计算每期应计提折旧额的一种方法。其计算公式为：

单位工作量折旧额＝固定资产原价 ÷ 预计总工作量

某项固定资产月折旧额＝该项固定资产当月工作量 × 单位工作量折旧额

单位应当根据固定资产的性质和实际使用情况，合理确定其折旧年限。省级以上财政部门、主管部门对单位固定资产折旧年限做出规定的，从其规定。单位固定资产的折旧年限一般为其预计使用年限。

单位一般应当按月计提固定资产折旧。当月增加的固定资产，当月不提折旧，从下月起计提折旧；当月减少的固定资产，当月照提折旧，从下月起不提折旧。固定资产提足折旧后，无论能否继续使用，均不再计提折旧；提前报废的固定资产，也不再补提折旧。已提足折旧的固定资产，可以继续使用的，应当继续使用，并规范实物管理。

计提融资租入固定资产折旧时，应当采用与自有固定资产相一致的折旧政策。能够合理确定租赁期届满时将会取得租入固定资产所有权的，应当在租入固定资产尚可使用年限内计提折旧；无法合理确定租赁期届满时能够取得租入固定资产所有权的，应当在租赁期与租入固定资产尚可使用年限两者中较短的期间内计提折旧。

固定资产出于改建、扩建或修缮等原因而延长其使用年限的，应当按照重新确定的固定资产的成本以及重新确定的折旧年限，重新计算折旧额。

4.固定资产折旧的账务处理

为了兼顾预算管理和财务管理双重需要，既不影响单位支出的预算口径，又有利于反映资产随着时间推移和使用程度发生的价值消耗情况，单位固定资产采用"虚提"折旧模式，在计提折旧时冲减相关净资产，而非计入当期支出。

第一，按月计提固定资产折旧时，按照应计提折旧金额，借记"非流动资产基金——固定资产"科目，贷记"累计折旧"科目。

第二，固定资产处置时，按照所处置固定资产的账面价值，借记"待处置资产损益"科目，按照已计提折旧，借记累计折旧科目，按照固定资产的账面余额，贷记"固定资产"科目。

(四) 在建工程的会计核算

在建工程，是指单位已经发生必要支出，但尚未达到交付使用状态的建设工程。主要包括建筑工程和设备安装工程，建筑工程是指为新建、改建或扩建房屋建筑物和附属构筑物而进行的工程项目，设备安装工程是指为保证设备的正常运转而进行的设备装配、调试工程项目。在建工程达到交付使用状态时，应当按照有关规定办理工程竣工财务决算和资产交付使用。

1.在建工程的科目设置

单位设置"在建工程"科目，核算单位已经发生必要支出，但尚未完工交付使用的各种建筑 (包括新建、改建、扩建、修缮等) 和设备安装工程的实际成本。本科目应当按照工程性质和具体工程项目等进行明细核算。本科目期末借方余额，反映单位尚未完工的在建工程发生的实际成本。

单位的基本建设投资应当按照国家有关规定单独建账、单独核算，同时按照本制度的规定至少按月并入本科目及其他相关科目反映。单位应当在本科目下设置"基建工程"明细科目，核算由基建账套并入的在建工程成本。

2.在建工程的账务处理

(1) 建筑工程

第一，建筑工程转入。单位将固定资产转入改建、扩建或修缮等时，按照固定资产的账面价值，借记"在建工程"科目，贷记"非流动资产基金——在建工程"科目;同时,按照固定资产对应的非流动资产基金,借记"非流动资产基金——固定资产"科目,按照已计提折旧,借记"累计折旧"科目,按照固定资产的账面余额,贷记"固定资产"科目。

第二,建筑工程价款结算。单位根据工程价款结算账单与施工单位结算工程价款时,按照实际支付的工程价款,借记"在建工程"科目,贷记"非流动资产基金——在建工程"科目;同时,借记"事业支出"等科目,贷记"财政补助收入""零余额账户用款额度""银行存款"等科目。

第三,建筑工程借款利息。单位为建筑工程借入的专门借款的利息,属于建设期间发生的,计入在建工程成本,借记"在建工程"科目,贷记"非流动资产基金——在建工程"科目;同时,借记"其他支出"科目,贷记"银行存款"科目。

第四,建筑工程完工交付使用。工程完工交付使用时,按照建筑工程所发生的实际成本,借记"固定资产"科目,贷记"非流动资产基金——固定资产"科目;同时,借记"非流动资产基金——在建工程"科目,贷记"在建工程"科目。

(2)设备安装

第一,购入需要安装的设备。取得设备尚未安装时,按照确定的成本,借记"在建工程"科目,贷记"非流动资产基金——在建工程"科目;同时,按照实际支付金额,借记"事业支出""经营支出"等科目,贷记"财政补助收入""零余额账户用款额度""银行存款"等科目。

融资租入需要安装的设备,按照确定的成本,借记"在建工程"科目,按照租赁协议或者合同确定的租赁价款,贷记"长期应付款"科目,按照其差额,贷记"非流动资产基金——在建工程"科目。同时,按照实际支付的相关税费、运输费、途中保险费等,借记"事业支出""经营支出"等科目,贷记"财政补助收入""零余额账户用款额度""银行存款"等科目。

第二,发生的安装费用。单位发生的安装费用,借记"在建工程"科目,贷记"非流动资产基金——在建工程"科目;同时,借记"事业支出""经营支出"等科目,贷记"财政补助收入""零余额账户用款额度""银行存款"等科目。

第三,设备安装完工交付使用。设备安装完工交付使用时,借记"固定资产"科目，贷记"非流动资产基金——固定资产"科目；同时，借记"非流动资产基金——在建工程"科目，贷记"在建工程"科目。

(五) 无形资产的会计核算

无形资产，是指单位持有的或者控制的没有实物形态的可辨认非货币性资产，包括专利权、商标权、著作权、土地使用权、非专利技术等。单位购入的不构成相关硬件不可缺少组成部分的应用软件，应当作为无形资产核算。

1. 无形资产的科目设置

单位设置"无形资产"科目，核算单位无形资产的原价。本科目应当按照无形资产的类别、项目等进行明细核算。本科目期末借方余额，反映的是单位无形资产的账面余额，即取得无形资产时的入账价值。

2. 无形资产的账务处理

(1) 无形资产的取得

无形资产取得方式包括购入、委托软件单位开发、自行开发、接受捐赠、无偿调入等。无形资产在取得时，应当按照其实际成本入账。

第一，购入的无形资产。单位外购的无形资产，其成本包括购买价款、相关税费以及可归属于该项资产达到预定用途所发生的其他支出。购入的无形资产，按照确定的无形资产成本，借记"无形资产"科目，贷记"非流动资产基金——无形资产"科目；同时，按照实际支付金额，借记"事业支出"等科目，贷记"财政补助收入""零余额账户用款额度""银行存款"等科目。

第二，委托软件单位开发的无形资产。单位委托软件单位开发软件视同外购无形资产进行处理。支付软件开发费时，按照实际支付金额，借记"事业支出"等科目，贷记"财政补助收入""零余额账户用款额度""银行存款"等科目。软件开发完成交付使用时，按照软件开发费总额，借记"无形资产"科目，贷记"非流动资产基金——无形资产"科目。

第三，自行开发的无形资产。单位自行开发并按法律程序申请取得的无形资产，按照依法取得时发生的注册费、聘请律师费等费用，借记"无形资产"科目，贷记"非流动资产基金——无形资产"科目；同时，借记"事业支出"等科目，贷记"财政补助收入""零余额账户用款额度""银行存款"

等科目。依法取得前所发生的研究开发支出，应于发生时直接计入当期支出，借记"事业支出"等科目，贷记"银行存款"等科目。

第四，接受捐赠、无偿调入的无形资产。单位接受捐赠、无偿调入的无形资产，其成本按照有关凭据注明的金额加上相关税费等确定；没有相关凭据的，其成本比照同类或类似无形资产的市场价格加上相关税费等确定；没有相关凭据、同类或类似无形资产的市场价格也无法可靠取得的，该资产按照名义金额入账。接受捐赠、无偿调入的无形资产，按照确定的无形资产成本，借记"无形资产"科目，贷记"非流动资产基金——无形资产"科目；按照发生的相关税费等，借记"其他支出"科目，贷记"银行存款"等科目。

（2）无形资产的摊销

按月计提无形资产摊销时，按照应计提摊销金额，借记"非流动资产基金无形资产"科目，贷记"累计摊销"科目。有关无形资产的摊销方法等具体事宜详见"累计摊销"科目的核算。

（3）无形资产的后续支出。

与无形资产有关的后续支出，应分别按以下情况处理：

第一，为增加无形资产的使用效能而发生的后续支出，如对软件进行升级改造或扩展其功能等所发生的支出，应当计入无形资产的成本，借记"无形资产"科目，贷记"非流动资产基金——无形资产"科目；同时，借记"事业支出"等科目，贷记"财政补助收入""零余额账户用款额度""银行存款"等科目。

第二，为维护无形资产的正常使用而发生的后续支出，如对软件进行漏洞修补、技术维护等所发生的支出，应当计入当期支出但不计入无形资产成本，借记"事业支出"等科目，贷记"财政补助收入""零余额账户用款额度""银行存款"等科目。

（4）无形资产的处置

单位无形资产的处置方式包括转让、对外捐赠、无偿调出、对外投资等。

第一，转让、无偿调出、对外捐赠无形资产。转入待处置资产时，按照待处置无形资产的账面价值，借记"待处置资产损益"科目，按照已计提摊销，借记"累计摊销"科目，按照无形资产的账面余额，贷记"无形资产"

科目。

实际转让、调出、捐出时，按照处置无形资产对应的非流动资产基金，借记"非流动资产基金——无形资产"科目，贷记"待处置资产损益"科目。

转让无形资产过程中取得价款、发生相关税费，以及出售价款扣除相关税费后的净收入的账务处理，参见"待处置资产损益"科目。

第二，以已入账无形资产对外投资。单位以已入账无形资产取得长期股权投资时，按照评估价值加上相关税费作为投资成本，借记"长期投资"科目，贷记"非流动资产基金——长期投资"科目，按发生的相关税费，借记"其他支出"科目，贷记"银行存款""应缴税费"等科目；同时，按照投出无形资产对应的非流动资产基金，借记"非流动资产基金——无形资产"科目，按照投出无形资产已计提摊销，借记"累计摊销"科目，按照投出无形资产的账面余额，贷记"无形资产"科目。

（5）无形资产的核销

无形资产预期不能为单位带来服务潜力或经济利益的，应当按规定报经批准后将该无形资产的账面价值予以核销。

转入待处置资产时，按照待核销无形资产的账面价值，借记"待处理财产损益"科目，按照已计提摊销，借记"累计摊销"科目，按照无形资产的账面余额，贷记"无形资产"科目。报经批准予以核销时，按照核销无形资产对应的非流动资产基金，借记"非流动资产基金——无形资产"科目，贷记"待处置资产损益"科目。

（六）累计摊销的会计核算

摊销，是指在无形资产使用寿命内，按照确定的方法对应摊销金额进行系统分摊。为真实反映无形资产的价值，单位可以建立无形资产摊销制度，对无形资产进行后续计量。

1. 累计摊销的科目设置

单位设置"累计摊销"科目，核算单位无形资产计提的累计摊销。本科目应当按照对应无形资产的类别、项目等进行明细核算。本科目期末贷方余额，反映单位计提的无形资产摊销累计数。

2. 无形资产摊销的范围

单位应当对使用寿命有限的无形资产进行摊销，使用寿命不确定的无形资产不应摊销，同时以名义金额计量的无形资产也不进行摊销。

3. 无形资产摊销的方法

单位应当采用年限平均法计提无形资产摊销。对无形资产计提摊销的金额，应当根据无形资产原价和摊销年限确定，应摊销金额为其成本扣除预计残值后的金额。

年限平均法是指将无形资产的应摊销金额均衡地分摊到无形资产摊销期限内的方法。采用这种方法计算的每期摊销额相等。其计算公式如下：

年摊销额＝无形资产原价 ÷ 预计使用年限

月摊销额＝无形资产年摊销额 ÷12

单位应当按照如下原则确定无形资产的摊销年限：法律规定了有效年限的，按照法律规定的有效年限作为摊销年限；法律没有规定有效年限的，按照相关合同或单位申请书中的受益年限作为摊销年限；法律没有规定有效年限、相关合同或单位申请书也没有规定受益年限的，按照不少于10年的期限摊销。

单位应当自无形资产取得当月起，按月计提摊销。无形资产减少的当月，不再计提摊销。无形资产提足摊销后，无论能否继续带来服务潜力或经济利益，均不再计提摊销；核销的无形资产，如果未提足摊销，也不再补提摊销。因发生后续支出而增加无形资产成本的，应当按照重新确定的无形资产成本，重新计算摊销额。

4. 累计摊销的账务处理

为了兼顾预算管理和财务管理的双重需要，既不影响单位支出的预算口径，又有利于反映资产随着时间推移和使用程度发生的价值消耗情况，单位无形资产采用"虚提"摊销模式，在计提摊销时冲减相关净资产，而非计入当期支出。

第一，按月计提无形资产摊销时，按照应计提摊销金额，借记"非流动资产基金——无形资产"科目，贷记"累计摊销"科目。

第二，无形资产处置时，按照所处置无形资产的账面价值，借记"待处置资产损益"科目，按照已计提摊销，借记"累计摊销"科目，按照无形资产的账面余额，贷记"无形资产"科目。

(七) 待处置资产损益的会计核算

资产处置，是指单位对其占有、使用的国有资产进行产权转让或者注销产权的行为。单位资产处置方式包括出售、出让、转让、对外捐赠、无偿调出、盘亏、报废、毁损以及货币性资产损失核销等。为加强国有资产的管理，合理处置单位的各项资产，正确反映资产的处置损益，单位的资产处置应当单独设置账户进行核算。

1. 待处置资产损益的科目设置

单位设置"待处置资产损益"科目，核算单位待处置资产的价值及处置损益。本科目应当按照待处置资产项目进行明细核算；对于在处置过程中取得相关收入、发生相关费用的处置项目，还应设置"处置资产价值""处置净收入"明细科目，进行明细核算。本科目期末如为借方余额，反映尚未处置完毕的各种资产价值及净损失；期末如为贷方余额，反映尚未处置完毕的各种资产净溢余。年度终了报经批准处理后，本科目一般无余额。

2. 待处置资产损益的账务处理

单位处置资产一般应当先记入本科目，按规定报经批准后及时进行账务处理。年度终了结账前一般应处理完毕。

(1) 转入待处置资产

将各项核销、报废、毁损、对外捐赠、出售、出让、转让、无偿调出、盘亏的资产转入待处置资产时，按照待处置资产的账面价值借记"待处置资产损益——处置资产价值"科目 (处置固定资产、无形资产的，还应同时借记"累计折旧""累计摊销"科目)，按照待处置资产的账面余额贷记相应的资产科目。

(2) 处置资产

报经批准予以处置时，按照待处置资产的价值借记"其他支出"科目 (应收及预付款项核销、处置存货等) 或"非流动资产基金——长期投资、固定资产、无形资产"等科目，贷记"待处置资产损益——处置资产价值"科目。

（3）变价收入与处置费用

处置资产取得的变价收入、保险理赔和过失人赔偿等，按照收到的金额，借记"库存现金""银行存款"等科目，贷记"待处置资产损益——处置净收入"科目。处置过程中发生的相关费用，按照支付的金额，借记"待处置资产损益——处置净收入"科目，贷记"库存现金""银行存款"等科目。

（4）处置净收入

处置完毕，按照处置收入扣除相关处置费用后的净收入，借记"待处置资产损益——处置净收入"科目，贷记"应缴国库款"等科目。

在前面讲解各项资产时，已经涉及了资产的处置业务，这里不再另行举例。

第二节　负债的会计核算

一、负债概述

负债是指单位所承担的能以货币计量，需要以资产或者劳务偿还的债务。单位负债包括应缴款项、暂存款项、应付款项等。负债所反映的是单位对其债权人所应承担的全部经济责任。

（一）负债的特征

1.负债是单位承担的现时义务

这是负债的一个基本特征。单位在未来发生的交易或者事项可能形成的负债，不属于现时义务，不应当确认为负债。

2.负债的清偿预期会导致经济利益流出

如果不会导致经济利益流出的，就不符合负债的定义。在履行现时义务清偿负债时，导致经济利益流出的形式多种多样。例如，用现金偿还或以实物资产形式偿还；以提供劳务形式偿还；部分转移资产、部分提供劳务形式偿还；将负债转为资本等。

3.负债应当由企业过去的交易或事项所形成

换句话说，只有过去的交易或者事项才能形成负债。负债必须能确切地以货币计量，或能合理地估计。

4. 负债以法律、有关制度条例或合同契约的承诺作为依据

负债实质上是单位在一定时期之后必须偿还的一种经济债务，其偿还期或具体金额在它们发生或成立之时就已由合同、法规所规定与制约，是单位必须履行的一种义务。

(二) 负债管理的要求

1. 保持适度的负债规模

单位应该根据上一年度的实际资金情况，结合本年度的资金预算以及可用资金额，确定本单位的负债规模。

2. 分门别类，加强管理

对单位的项目科学管理，确保资金的专款专用，在单位资金不足的情况下，要对负债的项目进行清楚的登记，明确项目的负债情况。

3. 建立专门的负债账簿

单位应该建立专门的账簿，对单位负债进行集中登记管理，避免出现负债登记错误或漏记。

4. 建立有效的负债偿还制度，及时清理负债账目

单位应在年初制订负债偿还的专项计划，根据本单位本年度实际预算收入，建立专门有效的负债偿还资金，及时偿还负债。

二、流动负债的会计核算

单位的流动负债是指预计在 1 年内 (含 1 年) 偿还的负债，包括短期借款、应付及预收款项、应付职工薪酬、应缴款项等。

(一) 短期借款的会计核算

借款是单位借入有偿使用的各种款项。短期借款，是指单位借入的期限在 1 年内 (含 1 年) 的各种借款。单位根据业务活动的需要，从银行或其他金融机构取得短期借款，以弥补事业经费的不足。短期借款是单位有偿使用的资金，需要按期偿还借款并支付借款利息。根据《单位财务规则》的规定，单位应当建立健全财务风险控制机制，规范和加强借入款项管理，严格执行

审批程序，不得违反规定举借债务。

1. 短期借款的科目设置

单位设置"短期借款"科目，本科目应当按照贷款单位和贷款种类进行明细核算。本科目期末贷方余额，反映单位尚未偿还的短期借款本金。

2. 短期借款的账务处理

（1）取得短期借款

借入各种短期借款时，按照实际借入的金额，借记"银行存款"科目，贷记"短期借款"科目。银行承兑汇票到期，本单位无力支付票款的，按照银行承兑汇票的票面金额，借记"应付票据"科目，贷记"短期借款"科目。

（2）支付借款利息

支付短期借款利息时，借记"其他支出"科目，贷记"银行存款"科目。

（3）到期归还

归还短期借款时，借记"短期借款"科目，贷记"银行存款"科目。

（二）应付及预收款项的会计核算

应付及预收款项是指单位在开展业务活动中发生的各项债务，包括应付票据、应付账款、其他应付款等应付款项和预收账款。

1. 应付票据的会计核算

应付票据是指单位因购买材料、物资等而开出、承兑的商业汇票，包括银行承兑汇票和商业承兑汇票。

应付票据按实际签发商业汇票或实际收到商业汇票时确认；按票据签发时的票面金额进行计量入账。

（1）应付票据的科目设置

单位在负债要素类设置"应付票据"总账科目。本科目贷方登记单位因购买材料、货品等而开出、承兑的商业汇票票面金额；借方登记已到期或已兑付的商业汇票票面金额；本科目期末贷方余额，反映单位开出、承兑的尚未到期的商业汇票票面金额。

本科目应当按照债权单位进行明细核算。

单位应当设置"应付票据备查簿"，详细登记每一应付票据的种类、号数、出票日期、到期日、票面金额、交易合同号、收款人姓名或单位名称，以及付款日期和金额等资料。应付票据到期结清票款后，应当在备查簿内逐笔注销。

（2）应付票据的主要账务处理

第一，开出、承兑商业汇票时，借记"存货"等科目，贷记本科目。以承兑商业汇票抵付应付账款时，借记"应付账款"科目，贷记本科目。

第二，支付银行承兑汇票的手续费时，借记"事业支出""经营支出"等科目，贷记"银行存款"等科目。

第三，商业汇票到期时，应当分别按以下情况处理：①收到银行支付到期票据的付款通知时，借记本科目，贷记"银行存款"科目。②银行承兑汇票到期，本单位无力支付票款的，按照汇票票面金额，借记本科目，贷记"短期借款"科目。③商业承兑汇票到期，本单位无力支付票款的，按照汇票票面金额，借记本科目，贷记"应付账款"科目。

2. 应付账款和长期应付款的会计核算

应付账款是指单位因购买材料、物资或接受劳务等而应付的款项，主要是由于取得货物等的时间与结算付款的时间不一致而产生的。长期应付款是指单位发生的偿还期限超过1年（不含1年）的应付款项，主要指单位融资租入固定资产发生的应付租赁款，跨年度分期付款购入固定资产的价款等。

（1）应付账款和长期应付款的确认和计量

应付账款和长期应付款的入账时间，应以所购买物资的所有权转移或接受劳务等已发生为标志；应当在单位收到所购物资或服务、完成工程承担相应支付义务等时确认。

应付账款和长期应付款应当按照购买物资或服务等应付未付的金额入账。

（2）应付账款和长期应付款的科目设置

第一，应付账款的科目设置。在负债要素类设置"应付账款"总账科目。本科目贷方登记单位因购买材料、物资或接受劳务等而应付给供应单位的款项；借方登记已偿付的应付账款；期末贷方余额，反映单位尚未支付的应付账款。本科目应当按照债权单位（或个人）进行明细核算。

第二，长期应付款的科目设置。在负债要素类设置"长期应付款"总账科目。本科目贷方登记发生的长期应付款；借方登记归还的长期应付款；期末贷方余额，反映单位尚未支付的长期应付款。本科目应当按照长期应付款的类别以及债权单位（或个人）进行明细核算。

（3）应付账款的主要账务处理

第一，发生应付账款时。对于购入材料、物资等已验收入库但货款尚未支付的，按照应付未付金额，借记"原材料""存货"等科目，贷记"应付账款"科目（以下简称本科目）。

第二，偿付应付账款时，按照实际支付的款项金额，借记本科目，贷记"银行存款"等科目。

第三，开出、承兑商业汇票抵付应付账款时，借记本科目，贷记"应付票据"科目。

第四，无法偿付或债权人豁免偿还的应付账款时，借记本科目，贷记"其他收入"科目。

（4）长期应付款的主要账务处理

第一，发生长期应付款时，借记"固定资产""在建工程"等科目，贷记"长期应付款"科目（以下简称本科目）、"非流动资产基金"等科目。

第二，支付长期应付款时，借记"事业支出""经营支出"等科目，贷记"银行存款"等科目；同时，借记本科目，贷记"非流动资产基金"科目。

第三，无法偿付或债权人豁免偿还的长期应付款，借记本科目，贷记"其他收入"科目。

3. 预收账款的会计核算

预收账款是指单位按合同规定向购货方预收的购货订金或部分货款。

单位应当在按照合同规定收到对方预付的款项时确认；按照实际收到的金额进行计量入账。

（1）预收账款的科目设置

在负债要素类设置"预收账款"总账科目。本科目贷方登记预收的款项；借方登记款项的实际结算数和退回的多余款数；期末贷方余额，反映单位按合同规定预收但尚未实际结算的款项。

本科目应当按照债权单位（或个人）进行明细核算。

(2) 预收账款的主要账务处理

第一，从付款方预收款项时，按照实际预收的金额，借记"银行存款"等科目，贷记本科目。

第二，确认有关收入时，借记本科目，按照应确认的收入金额，贷记"经营收入"等科目，按照付款方补付或退回付款方的金额，借记或贷记"银行存款"等科目。

第三，无法偿付或债权人豁免偿还的预收账款，借记本科目，贷记"其他收入"科目。

4.其他应付款的会计核算

其他应付款是单位除应缴税费、应缴国库款、应缴财政专户款、应付职工薪酬、应付票据、应付账款、预收账款之外的其他各项偿还期限在1年内（含1年）的应付及暂收款项，如存入保证金等。

其他应付款应当在发生其他应付义务或收到属于其他应付款的款项时确认；按照实际发生的金额进行计量入账。

(1) 其他应付款的科目设置

在负债要素类设置"其他应付款"总账科目。本科目贷方登记其他应付款的增加数；借方登记其他应付款的减少数；期末贷方余额，反映单位尚未支付的其他应付款。

本科目应当按照其他应付款的类别以及债权单位（或个人）进行明细核算。

(2) 其他应付款的主要账务处理

第一，发生其他各项应付及暂收款项时，借记"银行存款"等科目，贷记本科目。

第二，支付其他应付款项时，借记本科目，贷记"银行存款"等科目。

第三，无法偿付或债权人豁免偿还的其他应付款项，借记本科目，贷记"其他收入"科目。

（三）应付职工薪酬的会计核算

应付职工薪酬，是单位按有关规定应付给职工及为职工支付的各种薪酬，包括基本工资、绩效工资、国家统一规定的津贴补贴、社会保险费、住房公积金等。

1. 应付职工薪酬的科目设置

单位设置"应付职工薪酬"科目，本科目应当根据国家有关规定按照"工资（离退休费）""地方（部门）津贴补贴""其他个人收入"以及"社会保险费""住房公积金"等进行明细核算。本科目期末贷方余额，反映单位应付未付的职工薪酬。

工资（离退休费），包括工资和离退休费。工资是单位按国家统一规定，应发放给在职人员的岗位工资、薪级工资、绩效工资，以及经国务院或人力资源和社会保障部、财政部批准设立的津贴补贴。离退休费是指按国家统一规定，应发放给离退休人员的离休、退休费及经国务院或税务登记管理局、财政部批准设立的津贴补贴。

地方（部门）津贴补贴，是单位按照地方或部门出台的规定，发放给职工的津贴补贴。津贴是因职工特殊或额外劳动而给予的补助，补贴是为了保证职工工资水平不受物价影响而给予的补助。

其他个人收入，是按国家规定发放给个人除上述资金以外的其他收入，主要包括误餐费、夜餐费、伙食补助费、市内交通费等。

社会保险费，是指单位按规定为职工缴纳并缴存社会保险管理机构的基本养老、基本医疗、失业、工伤、生育等社会保险费。

住房公积金，是指单位按规定为职工缴纳并缴存住房公积金管理机构的长期住房公积金。

2. 应付职工薪酬的账务处理

（1）计提职工薪酬

单位计提当期应付职工薪酬，借记"事业支出""经营支出"等科目，贷记"应付职工薪酬"科目。

（2）支付职工薪酬

单位向职工支付工资、津贴补贴等薪酬，借记"应付职工薪酬"科目，贷记"财政补助收入""零余额账户用款额度""银行存款"等科目。

（3）代扣代缴个人所得税

单位按税法规定代扣代缴个人所得税，借记"应付职工薪酬"科目，贷记"应缴税费——应缴个人所得税"科目。实际代缴时，借记"应缴税费——应缴个人所得税"科目,贷记"银行存款"等科目。

(4)缴纳社会保险费和住房公积金

单位按照国家有关规定缴纳职工社会保险费和住房公积金,借记"应付职工薪酬"科目,贷记"财政补助收入""零余额账户用款额度""银行存款"等科目。

(5)支付其他款项

单位从应付职工薪酬中支付的其他款项,借记"应付职工薪酬"科目,贷记"财政补助收入""零余额账户用款额度""银行存款"等科目。

(四)应缴款项等的会计核算

应缴款项是指单位应缴未缴的各种款项,包括应当上缴国库或者财政专户的款项、应缴税费,以及其他按照国家有关规定应当上缴的款项。

1. 应缴国库款的会计核算

应缴国库款是指单位按规定应缴入国库的款项(应缴税费除外)。

应缴国库款主要内容包括单位代收的纳入预算管理的基金、行政性收费收入、罚没收入、无主财物变价收入和其他按预算管理规定应上缴国库的款项。

单位按照国家税法等有关规定应当缴纳的各种税费,不是作为应缴国库款核算,而是作为应缴税费核算。

应缴国库款应当在单位收到应当上缴的款项时确认;按照实际收到的应缴国库的款项金额进行计量入账。

(1)应缴国库款的科目设置

单位设置"应缴国库款"总账科目。本科目贷方登记取得的应缴入国库的各种款项;借方登记实际上缴数;期末贷方余额,反映单位应缴入国库但尚未缴纳的款项。

本科目应当按照应缴国库的各款项类别进行明细核算。

单位的行政事业性收费、罚没款项等已实行国库集中收缴的,采取直接缴库方式的,款项由缴款人直接缴给财政部门。在此情况下,单位不必进行应缴国库款的账务处理。

(2) 应缴国库款的主要账务处理

第一，按规定计算确定或实际取得应缴国库的款项时，借记有关科目，贷记本科目。例如税金、非税收入等，会计记录中应在相应的借方科目（如"税金及附加""非税收入"等）中记录该笔款项的金额。

第二，单位处置资产取得的应上缴国库的处置净收入的账务处理，参见"待处置资产损益"科目。

第三，上缴款项时，借记本科目，贷记"银行存款"等科目。

2. 应缴财政专户款的会计核算

应缴财政专户款是单位按规定应缴入财政专户的款项，主要包括教育收费等。

所谓财政专户，是为管理核算部分具有专门用途的资金，由政府财政部门在商业银行及其他金融机构开设的银行账户。我国于 20 世纪 80 年代开始设立财政专户。

对教育收费、彩票发行费等按规定纳入财政专户管理的资金，收取时上缴财政专户，支出时从财政专户拨付给预算单位。

应缴财政专户款应当在单位收到应当上缴的款项时确认；按照实际收到的应缴财政专户款的金额进行计量入账。

(1) 应缴财政专户款的科目设置

单位应在负债要素类设置"应缴财政专户款"总账科目。本科目贷方登记收到的应上缴财政专户的各项款项数；借方登记实际上缴数；期末贷方余额，反映单位应缴入财政专户但尚未缴纳的款项数。

本科目应当按照应缴财政专户的各款项类别进行明细核算。

(2) 应缴财政专户款的账务处理

第一，取得应缴财政专户的款项时，借记"收入"科目，贷记"应缴财政专户款"科目。

第二，上缴款项时，借记本科目，贷记"银行存款"等科目。

3. 应缴税费的会计核算

应缴税费是指单位按照税法等规定计算应缴纳的各种税费，包括增值税、城市维护建设税、教育费附加、车船税、房产税、城镇土地使用税、单位所得税等。

单位对应缴税费应当在按照国家税法等规定产生缴纳税费义务时确认；按照税法等规定计算出的应缴金额计量入账。

(1) 应缴税费的科目设置

单位应在负债要素类设置"应缴税费"总账科目。本科目贷方登记按规定计算应缴纳的各种税费；借方登记实际缴纳的各种税费；期末借方余额，反映单位多缴纳的税费金额，期末贷方余额，反映单位应缴未缴的税费金额。

本科目应当按照应缴纳的税费种类进行明细核算。属于增值税一般纳税人的单位，其应缴增值税明细账中应设置"进项税额""已缴税金""销项税额""进项税额转出"等专栏。

单位代扣代缴的个人所得税，也通过本科目核算。

单位应缴纳的印花税不需要预提应缴税费，直接通过支出等有关科目核算。

(2) 应缴税费的主要账务处理

第一，发生城市维护建设税、教育费附加纳税义务的，按税法规定计算的应缴税费金额，借记"待处置资产损益——处置净收入"科目(出售不动产应缴的税费)或有关支出科目，贷记本科目。实际缴纳税费时，借记本科目，贷记"银行存款"科目。

第二，属于增值税一般纳税人的单位购入非自用材料的，按确定的成本(不含增值税进项税额)，借记"存货"科目，按增值税专用发票上注明的增值税税额，借记本科目(应缴增值税——进项税额)，按实际支付或应付的金额，贷记"银行存款""应付账款"等科目。

属于增值税一般纳税人的单位所购进的非自用材料发生盘亏、毁损、报废、对外捐赠、税务登记管理抵扣进项税额的，将所购进的非自用材料转入待处置资产时，按照材料的账面余额与相关增值税进项税额转出金额的合计金额，借记"待处置资产损益"科目，按材料的账面余额，贷记"存货"科目，按转出的增值税进项税额，贷记本科目(应缴增值税——进项税额转出)。

属于增值税一般纳税人的单位销售应税产品或提供应税服务的，按包含增值税的价款总额，借记"银行存款""应收账款""应收票据"等科目，按扣除增值税销项税额后的价款金额，贷记"经营收入"等科目，按增值税专用发票上注明的增值税金额，贷记本科目(应缴增值税——销项税额)。

属于增值税一般纳税人的单位实际缴纳增值税时，借记本科目(应缴增值税——已缴税金)，贷记"银行存款"等科目。

属于增值税小规模纳税人的单位销售应税产品或提供应税服务的，按实际收到或应收的价款，借记"银行存款""应收账款""应收票据"等科目，按实际收到或应收价款扣除增值税税额后的金额，贷记"经营收入"等科目，按应缴增值税税额，贷记本科目(应缴增值税)。实际缴纳增值税时，借记本科目(应缴增值税)，贷记"银行存款"等科目。

第三，发生房产税、城镇土地使用税、车船税纳税义务的，按税法规定计算的应缴税费数额，借记有关科目，贷记本科目。实际缴纳时，借记本科目，贷记"银行存款"等科目。

第四，代扣代缴个人所得税的，按税法规定计算应代扣代缴的个人所得税金额，借记"应付职工薪酬"科目，贷记本科目。实际缴纳时，借记本科目，贷记"银行存款"等科目。

第五，发生单位所得税纳税义务的，按税法规定计算的应缴税费数额，借记"非财政补助结余分配"科目，贷记本科目。实际缴纳时，借记本科目，贷记"银行存款"等科目。

第六，发生其他纳税义务的，按照应缴纳的税费金额，借记有关科目，贷记本科目。实际缴纳时，借记本科目，贷记"银行存款"等科目。

三、非流动负债的会计核算

非流动负债是指流动负债以外的负债。单位的非流动负债包括长期借款、长期应付款。

(一) 长期借款的会计核算

长期借款，是指单位向银行或其他金融机构借入的偿还期限超过1年(不含1年)的各项借款。单位通过长期借款筹集到的资金，一般用于单位扩大事业发展规模、购建固定资产、建设工程项目等。

1. 长期借款的科目设置

单位设置"长期借款"科目，本科目应当按照贷款单位和贷款种类进行明细核算。对于基建项目借款，还应按具体项目进行明细核算。本科目期末贷方余额，反映单位尚未偿还的长期借款本金。

2. 长期借款的账务处理

（1）取得长期借款

借入各项长期借款时，按照实际借入的金额，借记"银行存款"科目，贷记"长期借款"科目。

（2）长期借款利息

单位支付的长期借款的利息，需要区分不同的情况。

第一，为购建固定资产支付的专门借款利息，属于工程项目建设期间支付的，计入工程成本，按照支付的利息，借记"在建工程"科目，贷记"非流动资产基金——在建工程"科目；同时，借记"其他支出"科目，贷记"银行存款"科目。

第二，为购建固定资产支付的专门借款利息，属于工程项目完工交付使用后支付的，计入当期支出但不计入工程成本，按照支付的利息，借记"其他支出"科目，贷记"银行存款"科目。

（3）归还长期借款

归还长期借款时，借记"长期借款"科目，贷记"银行存款"科目。

（二）长期应付款的会计核算

长期应付款，是指单位发生的偿还期限超过 1 年（不含 1 年）的应付款项，如以融资租赁租入固定资产的租赁费、跨年度分期付款购入固定资产的价款等。

1. 长期应付款的科目设置

单位设置"长期应付款"科目，本科目应当按照长期应付款的类别以及债权单位（或个人）进行明细核算。本科目期末贷方余额，反映单位尚未支付的长期应付款。

2.长期应付款的账务处理

(1) 发生长期应付款

发生长期应付款时，按照确定的成本借记"固定资产""在建工程"等科目，按照所购入或建设的非流动资产的成本，贷记"非流动资产基金"科目。按照两者贷记"非流动资产基金"科目。同时记录购入相关资产时所支付运输费、途中保险费、安装调试费等所形成的支出。

(2) 支付长期应付款

支付长期应付款时，借记"事业支出""经营支出"等科目，贷记"银行存款"等科目；同时，借记"长期应付款"科目，贷记"非流动资产基金"科目。

(3) 无法偿付或债权人豁免偿还

无法偿付或债权人豁免偿还的长期应付款，借记"长期应付款"科目，贷记"其他收入"科目。

第三节　净资产的会计核算

一、净资产概述

净资产，是指单位资产扣除负债后的余额，体现单位实际占有或可使用的资产净值。国家拥有对单位净资产的所有权，单位实际占有或使用净资产，单位处置各项净资产应当符合国家有关规定，要报经财政部门、上级主管单位的批准。单位应按国家规定合理使用净资产，用于未来的事业发展或特定的使用方向。

(一) 净资产的分类

单位的净资产包括结转结余类净资产和基金类净资产两大类。

1.结转结余类净资产

单位用于核算结转结余类净资产的会计科目包括财政补助结转、财政补助结余、非财政补助结转、事业结余、经营结余和非财政补助结余分配。

结转结余，是指单位一定期间的收入与支出相抵后的余额。单位在各项业务活动中会取得一定的收入，发生一定的支出，根据预算管理的要求，需要以预算收入的数额控制预算支出，达到一定期间的收支平衡。但收入与支出之间的平衡是相对的，单位的收入与支出会存在一定的差额，其差额就是单位的结转结余。

按照后续使用要求的不同，可分为结转资金和结余资金两大类。

结转资金是指当年预算已执行但未完成，或者因故未执行，下一年度需要按照原用途继续使用的资金。

结余资金是指当年预算工作计划已完成，或因故终止，当年剩余的资金。

单位的结转结余，按照资金性质或者资金来源的不同，可分为财政补助结转结余和非财政补助结转结余。

2. 基金类净资产

单位用于核算基金类净资产的会计科目包括事业基金、非流动资产基金和专用基金。

基金，是指一组具有专门的来源及规定用途的财务资源。基金需要设立才能存在，如果要求保证某项活动的资金需要，可以采用设立基金的方法，这样既可以充分地组织资金来源，又能够限定资金的使用。

单位的基金，是指单位按规定设置的有专门用途的净资产，主要包括事业基金、非流动资产基金和专用基金。按照是否存在使用限制，单位的基金可分为限定性基金和非限定性基金两种。非限定性基金没有限定的用途，不限制基金的使用时间或使用方向；限定性基金只能在规定的时间内使用，或是限定用于规定的使用方向。其中，事业基金属于非限定性基金；非流动资产基金和专用基金属于限定性基金。

(二) 净资产的确认与计量

净资产是单位某一时点的资产净额，净资产的确认依赖于资产、负债两个会计要素的确认。单位一般在会计期末进行收入、支出的结转，提取有关基金，并确认本期所增加（或减少）的净资产。

单位期末净资产金额取决于资产和负债的计量结果。当含有经济利益或服务潜力的经济资源流入单位，单位的资产增加或负债减少，从而导致当期净资产的增加。相反，当含有经济利益或服务潜力的经济资源流出单位，单位的资产减少或负债增加，从而导致当期净资产的减少。因此，净资产的计量与本期收入、支出的数额密切相关。

二、结转结余类净资产的会计核算

(一) 财政补助结转的会计核算

财政补助结转，是指单位滚存的需要结转到下一年度按原用途继续使用的财政补助资金，包括基本支出结转和项目支出结转。

基本支出结转，是指用于基本支出的财政补助收入减去财政补助基本支出后的差额，包括人员经费和日常公用经费。

项目支出结转，是指用于尚未完成项目的财政补助收入减去财政补助项目支出后的差额。项目支出结转主要包括项目当年已执行但尚未完成而形成的结转资金；项目因故未执行，需要推迟到下年执行形成的结转资金；项目需要跨年度执行，但项目支出预算已一次性安排形成的结转资金。

基本支出结转和项目支出结转原则上均需结转至下年按原用途继续使用，并且相互之间不得挪用。单位形成的财政补助结转资金，应当按照财政部门的规定处理。

1.财政补助结转的科目设置

单位设置"财政补助结余"科目，核算单位滚存的财政补助项目支出结余资金。本科目借方登记已使用的财政补助结余资金，贷方登记财政补助收入的结余增加额及调整增加的财政补助结余资金。单位发生的需要调整以前年度财政补助结余的事项，也通过本科目核算。本科目应当按照《政府收支分类科目》中"支出功能分类科目"的相关科目进行明细核算。本科目期末贷方余额，反映单位财政补助结余资金数额。

2.财政补助结转的账务处理

期末，将财政补助收入本期发生额结转入本科目，借记"财政补助收入——基本支出、项目支出"科目，贷记"财政补助结转"科目（基本支出结转、项目支出结转）；将事业支出（财政补助支出）本期发生额结转入本科目，借记"财政补助结转"科目(基本支出结转、项目支出结转)，贷记"事业支出——财政补助支出(基本支出、项目支出)"或"事业支出——基本支出(财政补助支出)、项目支出(财政补助支出)"科目。

年末，完成上述结转后，应当对财政补助各明细项目执行情况进行分析，按照有关规定将符合财政补助结余性质的项目余额转入财政补助结余，借记或贷记"财政补助结转"科目(项目支出结转——××项目)，贷记或借记"财政补助结余"科目。

按规定上缴财政补助结转资金或注销财政补助结转额度的，按照实际上缴资金数额或注销的资金额度数额，借记"财政补助结转"科目，贷记"财政应返还额度""零余额账户用款额度""银行存款"等科目。取得主管部门归集调入财政补助结转资金或额度的，作相反会计分录。

(二) 财政补助结余的会计核算

主要包括项目完成形成的结余；由于受政策变化、计划调整等因素影响，项目终止、撤销形成的结余；某一预算年度安排的项目支出连续两年未使用，或者连续三年仍未使用完而形成的剩余资金等。财政补助结余资金无须结转到下年继续使用，应统筹用于编制以后年度部门预算，或按规定上缴或注销。

财政补助结余只在年末进行处理，平时不需要核算。年末，单位应当对财政补助项目执行情况进行分析，将已经完成预算工作目标或因故终止的项目当年剩余的资金，从"财政补助结转——项目支出结转"转到"财政补助结余"科目。

单位形成的财政补助结余资金，应当按照财政部门的规定处理。财政补助结余不参与单位的结余分配、不转入事业基金。年度结余的财政补助结余资金，或按规定上缴，或注销资金额度，或经批准转为其他用途。

1.财政补助结余的科目设置

单位设置"财政补助结余"科目，核算单位滚存的财政补助项目支出结余资金。单位发生需要调整以前年度财政补助结余的事项，通过本科目核算。本科目应当按照《政府收支分类科目》中"支出功能分类科目"的相关科目进行明细核算。本科目期末贷方余额，反映单位财政补助结余资金数额。

2. 财政补助结余的账务处理

年末，对财政补助各明细项目执行情况进行分析，按照有关规定将符合财政补助结余性质的项目余额转入财政补助结余，借记或贷记"财政补助结转——项目支出结转（××项目）"科目，贷记或借记"财政补助结余"科目。

按规定上缴财政补助结余资金或注销财政补助结余额度的，按照实际上缴资金数额或注销的资金额度数额，借记"财政补助结余"科目，贷记"财政应返还额度""零余额账户用款额度""银行存款"等科目。取得主管部门归集调入财政补助结余资金或额度的，作相反会计分录。

（三）非财政补助结转的会计核算

非财政补助结转，是指单位除财政补助收支以外的各专项资金收支相抵后剩余滚存的、须按规定用途使用的结转资金。

非财政补助结转资金有两个特点：一是它属于非财政补助资金；二是它属于专项资金。非财政补助收入包括专项资金收入和非专项资金收入，专项资金收入必须按规定用途使用，用于专项事业支出和其他支出。各专项资金收入与其相关支出相抵后，形成的非财政补助结转资金按照规定应结转至下一年度按原项目原用途继续使用。

单位的非财政补助结转，应当在年末进行处理。年末，对每个项目的执行情况进行分析，区分已经完成项目和未完成项目。未完成项目的结转资金结转下年度继续使用；已完成项目的剩余资金按项目规定处理：或缴回原专项资金拨款单位，或转入事业基金留归本单位使用。

1. 非财政补助结转的科目设置

单位设置"财政补助结余"科目，单位发生需要调整以前年度财政补助结余的事项，也通过本科目进行核算。此外，本科目应按照《政府收支分类科目》中"支出功能分类科目"的相关科目进行明细核算。本科目期末贷方余额，直接反映单位财政补助结余资金的数额。

2. 非财政补助结转的账务处理

期末，将事业收入、上级补助收入、附属单位上缴收入、其他收入本期发生额中的专项资金收入结转入"非财政补助结转"科目，借记"事业收入""上级补助收入""附属单位上缴收入""其他收入"科目下各专项资金收入明细科目，贷记"非财政补助结转"科目；将事业支出、其他支出本期发生额中的非财政专项资金支出结转入"非财政补助结转"科目，借记"非财政补助结转"科目，贷记"事业支出——非财政专项资金支出"或"事业支出——项目支出（非财政专项资金支出）""其他支出"科目下各专项资金支出明细科目。

年末，完成上述结转后，应当对非财政补助专项结转资金各项目情况进行分析，将已完成项目的剩余资金区分以下情况处理：缴回原专项资金拨入单位的，借记"非财政补助结转"科目（××项目），贷记"银行存款"等科目；留归本单位使用的，借记"非财政补助结转"科目（××项目），贷记"事业基金"科目。

（四）事业结余的会计核算

事业结余，是指单位一定期间除财政补助收支、非财政专项资金收支和经营收支以外各项收支相抵后的余额，属于非财政补助结余。年末，应当将本年度累计形成的事业结余（或事业亏损）全部转入非财政补助结余分配。

1.事业结余的科目设置

单位设置"事业结余"科目，本科目期末如为贷方余额，反映单位自年初至报告期末累计实现的事业结余；如为借方余额，反映单位自年初至报告期末累计发生的事业亏损。年末结账后，本科目应无余额。

2.事业结余的账务处理

期末，将事业收入、上级补助收入、附属单位上缴收入、其他收入本期发生额中的非专项资金收入结转入本科目，借记"事业收入""上级补助收入""附属单位上缴收入""其他收入"科目下各非专项资金收入明细科目，贷记"事业结余"科目；将事业支出、其他支出本期发生额中的非财政、非专项资金支出，以及对附属单位补助支出、上缴上级支出的本期发生额结转入本科目，借记"事业结余"科目，贷记"事业支出——其他资金支出"或"事业支出——基本支出（其他资金支出）、项目支出（其他资金支出）"科目、"其他支出"科目下各非专项资金支出明细科目、"对附属单位补助支出""上缴上级支出"科目。

年末，完成上述结转后，将本科目余额结转入"非财政补助结余分配"科目，借记或贷记"事业结余"科目，贷记或借记"非财政补助结余分配"科目。

（五）经营结余的会计核算

经营结余，是指单位一定期间各项经营收支相抵后余额弥补以前年度经营亏损后的余额，属于非财政补助结余。单位开展经营业务所取得的经营收入和发生的经营支出，应当转入经营结余中，以核算经营业务的成果。年末，经营业务的当年盈利在弥补以前年度亏损后，如有剩余盈利，应转入非财政补助结余分配。若经营业务为亏损，无须转入非财政补助结余分配，留待以后年度的经营盈利弥补。

1. 经营结余的科目设置

单位设置"经营结余"科目，本科目期末如为贷方余额，反映单位自年初至报告期末累计实现的经营结余弥补以前年度经营亏损后的经营结余；如为借方余额，则反映单位截至报告期末累计发生的经营亏损。年末结账后，本科目一般无余额。

2. 经营结余的账务处理

期末，将经营收入本期发生额结转入本科目，借记"经营收入"科目，贷记"经营结余"科目；将经营支出本期发生额结转入本科目，借记"经营结余"科目，贷记"经营支出"科目。

年末，完成上述结转后，如本科目为贷方余额，将本科目余额结转入"非财政补助结余分配"科目，借记"经营结余"科目，贷记"非财政补助结余分配"科目；如本科目为借方余额，为经营亏损，不予结转。

（六）非财政补助结余分配的会计核算

1. 非财政补助结余分配的程序

非财政补助结余分配，是指按照规定将单位的非财政补助结余（包括事业结余和经营结余）在国家、单位、职工之间进行分配。

年末，单位的非财政补助结余应当转入"非财政补助结余分配"科目进行分配。可进行分配的非财政补助结余资金，包括单位的年度事业结余（或事业亏损，即"事业结余"科目的借方余额) 和年度经营结余 (不包括经营亏损，即"经营结余"科目的借方余额)。财政补助形成的结余资金不得转入"非财政补助结余分配"中，各项结转资金也不进行分配。

单位非财政补助结余的分配程序如下：

(1) 缴纳单位所得税

单位开展非独立核算经营活动形成的经营结余按照单位所得税法的规定需要缴纳单位所得税，如为经营亏损，则无须缴纳。一般而言，事业结余不需要缴纳单位所得税。

单位所得税计算公式如下：

单位所得税＝年度经营结余 × 所得税税率

(2) 提取专用基金——职工福利基金

年末，单位从税后的非财政补助结余中按照一定比例提取专门用于单位职工集体福利设施、集体福利待遇的职工福利基金。

职工福利基金计算公式如下：

职工福利基金＝税后非财政补助结余 × 计提比例

(3) 结转未分配的非财政补助结余

年末，单位将可分配非财政补助结余扣除前两项后的剩余资金按照规定转入事业基金，用于弥补以后年度单位收支差额。

2. 非财政补助结余分配的科目设置

单位设置"非财政补助结余分配"科目，核算单位本年度非财政补助结余分配的情况和结果。年末结账后，本科目应无余额。

3. 非财政补助结余分配的账务处理

年末，将"事业结余"科目余额结转入本科目，借记或贷记"事业结余"科目，贷记或借记"非财政补助结余分配"科目；将"经营结余"科目贷方余额结转入本科目，借记"经营结余"科目，贷记"非财政补助结余分配"科目。

有单位所得税缴纳义务的单位计算出应缴纳的单位所得税，借记"非财政补助结余分配"科目，贷记"应缴税费——应缴单位所得税"科目。

按照有关规定提取职工福利基金的，根据提取的金额，借记"非财政补助结余分配"科目，贷记"专用基金——职工福利基金"科目。

年末，按规定完成上述处理后，将本科目余额结转入事业基金，借记或贷记"非财政补助结余分配"科目，贷记或借记"事业基金"科目。

三、基金类净资产的会计核算

(一) 事业基金的会计核算

事业基金，是指单位拥有的非限定用途的净资产，其来源主要为非财政补助结余扣除结余分配后滚存的金额。具体而言，单位的事业基金来源有：一是非财政补助结余扣除结余分配后滚存的金额；二是留归本单位使用的非财政补助专项 (已完成项目) 剩余资金；三是对外转让或到期收回长期债券投资的成本金额。事业基金一般对应于单位的流动资产，当单位用货币资金对外进行长期投资时，应将其转为非流动资产基金。收回货币资金的长期投资时，再将其转回到事业基金。

事业基金没有限定的用途，不直接安排各项支出，主要用于弥补以后年度单位的收支差额，调节年度之间的收支平衡。但是，单位应当加强对事业基金的管理，遵循收支平衡的原则，统筹安排、合理使用，其支出范围不得超出基金规模。

1. 事业基金的科目设置

单位设置"非财政补助结余分配"科目，用于核算单位本年度非财政补助结余分配的情况和结果。本科目借方登记按规定计提的职工福利基金等专用基金数额，以及转入事业基金的非财政补助结余资金；贷方登记从"事业结余"或"经营结余"科目转入的非财政补助结余数额。年末结账后，本科目应无余额。

2. 事业基金的账务处理

年末，将留归本单位使用的非财政补助专项 (项目已完成) 剩余资金转入事业基金，借记"非财政补助结转——××项目"科目，贷记"事业基金"科目。

以货币资金形式取得的长期股权投资、长期债券投资，按照实际支付的全部价款 (包括购买价款以及税金、手续费等相关税费) 作为投资成本，借记"长期投资"科目，贷记"银行存款"等科目；同时，按照投资成本金额，借记"事业基金"科目，贷记"非流动资产基金——长期投资"科目。

对外转让或到期收回长期债券投资本息，按照实际收到的金额，借记"银行存款"等科目，按照收回长期投资的成本，贷记"长期投资"科目，按照其差额，贷记或借记"其他收入——投资收益"科目；同时，按照收回长期投资对应的非流动资产基金，借记"非流动资产基金——长期投资"科目，贷记"事业基金"科目。

(二) 非流动资产基金的会计核算

非流动资产基金，是指单位非流动资产占用的金额。单位的非流动资产包括长期投资、固定资产、在建工程、无形资产等，非流动资产基金就是上述资产所对应的资产净额。非流动资产基金属于限定性基金，被各项非流动资产占用。

单位为了兼顾预算管理和财务管理对会计信息的需求，为每项非流动资产设置了基金项目，使非流动资产与各项非流动资产基金相对应，由此可以实现在取得各项非流动资产时，既确认资金的耗费，又反映非流动资产的投资情况。

单位在计提固定资产折旧、无形资产摊销时，应当按折旧、摊销的数额冲减其对应的非流动资产基金。即为"虚提"折旧和摊销，可以合理反映各项资产的价值。单位处置固定资产、无形资产、长期投资，以及用固定资产、无形资产对外投资时，应当同时冲销或转出该项资产所对应的非流动资产基金。

1.非流动资产基金的科目设置

单位设置"非流动资产基金"科目，同时应当设置"长期投资""固定资产""在建工程""无形资产"等明细科目，进行明细核算。本科目期末贷方余额，反映单位非流动资产占用的金额。

2.非流动资产基金的账务处理

(1)非流动资产基金的取得

非流动资产基金应当在取得长期投资、固定资产、在建工程、无形资产等非流动资产或发生相关支出时予以确认。

取得相关资产或发生相关支出时，借记"长期投资""固定资产""在建工程""无形资产"等科目，贷记"非流动资产基金"科目等有关科目；同时或待以后发生相关支出时，借记"事业支出"等有关科目，贷记"财政补助收入""零余额账户用款额度""银行存款"等科目。

(2) 非流动资产基金的冲减

计提固定资产折旧、无形资产摊销时，应当冲减非流动资产基金。计提固定资产折旧、无形资产摊销时，按照计提的折旧、摊销额，借记"非流动资产基金"科目(固定资产、无形资产)，贷记"累计折旧""累计摊销"科目。

(3) 非流动资产基金的冲销

处置长期投资、固定资产、无形资产，在建工程以及以固定资产、无形资产对外投资时，应当冲销该资产对应的非流动资产基金。

以固定资产、无形资产对外投资，按照评估价值加上相关税费作为投资成本，借记"长期投资"科目，贷记"非流动资产基金——长期投资"科目，按发生的相关税费，借记"其他支出"科目，贷记"银行存款"等科目；同时，按照投出固定资产、无形资产对应的非流动资产基金，借记本科目，按照投出资产已提折旧、摊销额，借记"累计折旧""累计摊销"科目，按照投出资产的账面余额，贷记"固定资产""无形资产"科目。

出售或以其他方式处置长期投资、固定资产、在建工程、无形资产，转入待处置资产时，借记"待处置资产损益""累计折旧"(处置固定资产)或"累计摊销"(处置无形资产)科目，贷记"长期投资""固定资产""在建工程""无形资产"等科目。实际处置时，借记"非流动资产基金"科目(有关资产明细科目)，贷记"待处置资产损益"科目。

(三) 专用基金的会计核算

1. 专用基金的内容

专用基金，是指单位按规定提取或者设置的具有专门用途的资金，主要包括修购基金、职工福利基金、其他基金等。单位的部分业务活动需要有专门的资金来源渠道，并按规定的用途使用资金，为此单位设立了专用基金。专用基金属于限定用途的净资产，要求按规定用途使用。单位应当根据业务发展的需要，设立专用基金项目。

（1）修购基金

修购基金是指单位按照事业收入和经营收入的一定比例提取以及按照其他规定转入，用于单位固定资产维修和购置的资金。

提取修购基金时，按提取数额确认本期事业支出、经营支出，并按照规定在相应的购置费和修缮费科目中各列50%，提取比例由财政部门或主管单位规定。单位也可以按规定，从其他渠道转入修购基金。事业收入和经营收入较少的单位可以不提取修购基金，实行固定资产折旧的单位不提取修购基金。

（2）职工福利基金

职工福利基金是指单位按照非财政补助结余的一定比例提取以及按照其他规定提取转入，用于单位职工集体福利设施、集体福利待遇等的资金。

单位职工福利基金的提取比例，由主管部门会同财政部核定，一般不会超过单位年度非财政补助结余的40%。

（3）其他基金

其他基金是指单位按照其他有关规定提取或者设置的专用资金。

2. 专用基金的管理要求

单位专用基金的管理必须遵循"先提后用、收支平衡、专款专用、支出不得超出基金规模"的原则。

（1）先提后用

先提后用是指各项专用基金必须根据规定的来源渠道，在取得资金后，方能安排使用。

（2）收支平衡

收支平衡是指各项专用基金各自量入为出，各自组织收支平衡。

（3）专款专用

专款专用是指各项专用基金都要按照规定用途和范围使用，不得相互占用和挪用。

（4）支出不得超出基金规模

支出不得超出基金规模是指各项基金使用时其支出不得超出其收入规模。

3. 专用基金的科目设置

单位设置"专用基金"科目，本科目应当按照专用基金的类别进行明细核算。本科目期末贷方余额，反映单位专用基金余额。

4. 专用基金的账务处理

(1) 提取或设置专用基金

第一，提取修购基金。按规定提取修购基金的，按照提取金额，借记"事业支出""经营支出"科目，贷记"专用基金——修购基金"科目。

第二，提取职工福利基金。年末，按规定从本年度非财政补助结余中提取职工福利基金的，按照提取金额，借记"非财政补助结余分配"科目，贷记"专用基金——职工福利基金"科目。

第三，提取、设置其他专用基金。若有按规定提取的其他专用基金，按照提取金额，借记有关支出科目或"非财政补助结余分配"等科目，贷记"专用基金"科目。

第四，若有按规定设置的其他专用基金，按照实际收到的基金金额，借记"银行存款"等科目，贷记"专用基金"科目。

(2) 使用专用基金

按规定使用专用基金时，借记"专用基金"科目，贷记"银行存款"等科目；使用专用基金形成固定资产的，还应借记"固定资产"科目，贷记"非流动资产基金——固定资产"科目。

第三章　收入与支出的会计核算

收入与支出是单位经济活动的重要组成部分，其会计核算对于反映单位经营成果至关重要。本章重点介绍收入和支出的分类、确认与计量方法，帮助读者掌握其核算要点。

第一节　收入的会计核算

一、收入概述

收入是指单位在日常活动中形成的、会导致所有者权益增加的、与所有者投入资本无关的经济利益的总流入。

(一) 收入的基本特征

1. 依法取得

单位从事业务活动获得的收入，必须符合国家有关法律法规和规章制度的规定。从财政部门获得的预算资金，必须按照财政预算规定的科目、内容和程序进行申报、审批和领拨。

2. 通过多种渠道、多种方式取得

收入来源的形式和渠道呈多元化趋势，既有财政预算拨款收入 (财政补助收入)，也有上级补助收入、事业收入、投资收益、利息收入、捐赠收入等。

3. 是非偿还性资金

单位取得的各项收入是不需要偿还的，可以按照规定安排用于开展业务活动。行政单位取得的需要偿还的资金，包括各种借入款、应付款项和应缴预算资金、应缴财政专户资金等应缴款项，属于负债的范畴，需要偿还债权人和上缴财政，不能作为本单位的收入。

4. 具有支配的自主性

在有关国家规定前提下，单位可以自主决定收入的使用（专项款项除外），可以按照规定将收入用于开展业务活动及其他活动。

（二）收入的主要来源

单位收入来源分为财政补助收入、上级补助收入、事业收入、经营收入、附属单位缴款、其他收入和基本建设拨款收入等。单位的收入来源主要有以下三部分：

1. 财政或上级单位拨入资金

拨入资金是指单位为了完成国家规定的事业计划，按照批准的经费预算和规定的手续，向财政机关和主管会计单位请领拨入的经费。

按所拨入款项的性质和管理要求不同可将其分为财政补助收入、财政专户返还收入和上级补助收入。

第一，财政补助收入，是指单位按核定的预算和经费领报关系从财政部门取得的各类事业经费。

第二，财政专户返还收入，是指核算单位按规定从财政预算外资金专户中取得的预算外资金返还收入。

第三，上级补助收入，是指单位从主管部门和上级单位取得的非财政补助收入。

拨入资金的依据是经过财政部门或主管单位审核批准后的单位预算。单位的季度用款计划是各单位拨入资金的具体执行计划，它是单位在核定的年度预算内，按季根据各月实际需要编制的。

拨入资金的管理应当坚持"按计划、按进度、按支出用途和按预算级次拨款"的原则。

"拨入专款"科目用于核算单位收到财政部门、上级单位或其他单位拨入的有指定用途，并需要单独报账的专项资金。如果拨入的专款不需要单独报账，则不通过本科目核算，而是反映到"上级补助收入"科目中。

从专款资金的来源看，有财政机关拨入的有预算安排的专款资金，有上级主管部门拨入的专款资金，也有由业务协作往来单位拨来的专款资金。

从专款资金的内容看，一般有科技三项费用专款、大型设备仪器购置费专款、救灾抢险专款、抗震加固专款、专项补助款及其他专款。

专款资金的管理应坚持"专款专用、按实列报、单独核算、专项结报"的原则。

2. 单位自行组织收入款项

收入款项是指单位在各项业务活动开展过程中自行组织取得的收入，它是单位重要的资金来源，是办理各项业务开支的主要财力保证。按单位所组织取得款项的来源和性质不同，可分为事业收入、经营收入和其他收入。

第一，事业收入是指单位开展专业业务活动及其辅助活动取得的收入。其中，按照国家有关规定应当上缴国库或者财政专户的资金，不计入事业收入；从财政专户核拨给单位的资金和经核准不上缴国库或者财政专户的资金，计入事业收入。

第二，经营收入是指单位在专业业务活动及辅助活动之外开展非独立核算经营活动取得的收入。

第三，单位取得的投资收益、利息收入、捐赠收入等应当作为其他收入处理。

3. 附属单位上缴的资金

附属单位缴款是指单位附属的独立核算单位按规定标准或比例缴纳的各项收入，如分成收入、承包利润和管理费等。它是非财政预算资金在上下级单位进行调剂的事项，以解决各种类型单位的收支平衡问题，保证各单位各项业务活动的正常开展和进行。

（三）收入的确认和计量

1. 收入的确认

单位收入主要以收付实现制为核算基础来确认其收入，即在收到款项时按照实际金额予以确认，如财政补助收入、上级补助收入、事业收入、附属单位上缴收入和其他收入。

经营收入可以权责发生制为核算基础来确认其收入，即单位在提供劳务或发出商品等，同时收讫价款或者取得索取价款的凭据时予以确认。

2. 收入的计量

第一，单位收入中的财政补助收入、上级补助收入、事业收入、附属单位上缴收入和其他收入一般按实际收到的金额进行计量。

第二，经营收入按实际或应收的金额进行计量。

第三，取得的收入为实物时，应根据有关凭据确认其价值；没有凭据可供确认其价值的，根据取得时的市场价格确定。

第四，货币资金、存货的溢余和应付款项核销产生的其他收入，按照货币资金、存货实际溢余的金额和应付款项核销金额进行计量。

二、财政补助收入的会计核算

财政补助收入是指单位从同级财政部门取得的各类财政拨款，包括基本支出补助和项目支出补助。它来源于政府财政预算，是政府对发展各项事业的投入，也是单位开展业务活动的经常性资金来源。

(一) 财政补助收入科目的设置

单位应设置"财政补助收入"科目。本科目贷方登记实际收到的财政补助收入数，借方登记财政补助收入的缴回数，期末结账后，本科目应无余额。本科目应当设置"基本支出"和"项目支出"两个明细科目；两个明细科目下按照《政府收支分类科目》中"支出功能分类"的相关科目进行明细核算；同时在"基本支出"明细科目下按照"人员经费"和"日常公用经费"进行核算，在"项目支出"明细科目下按照具体项目进行核算。

(二) 财政补助收入的账务处理

第一，财政直接支付方式下，对财政直接支付的支出，单位根据财政国库支付执行机构委托代理银行转来的"财政直接支付入账通知书"及原始凭证，按照通知书中的直接支付入账金额，借记有关科目，贷记本科目。以购买办公设备为例，若财政直接支付了一笔款项，单位会借记"固定资产"科目(表示资产增加)，贷记对应的收入科目，如"财政拨款收入"(表示收入增加)。年度终了，根据本年度财政直接支付预算指标数与当年财政直接支付实际支出数的差额，借记"财政应返还额度——财政直接支付"科目，贷记本科目。

　　第二，财政授权支付方式下，单位根据代理银行转来的"授权支付到账通知书"，按照通知书中的授权支付额度，借记"零余额账户用款额度"科目，贷记本科目。年度终了，单位本年度财政授权支付预算指标数大于零余额账户用款额度下达数的，根据未下达的用款额度，借记"财政应返还额度——财政授权支付"科目，贷记本科目。

　　第三，其他方式下，实际收到财政补助收入时，按照实际收到的金额，借记"银行存款"等科目，贷记本科目。

　　第四，因购货退回等原因发生国库直接支付款项退回的，属于以前年度支付的款项，按照退回金额，借记"财政应返还额度"科目，贷记"财政补助结转""财政补助结余""存货"等有关科目；属于本年度支付的款项，按照退回金额，借记本科目，贷记"事业支出""存货"等有关科目。

　　第五，期末，单位应将本科目本期发生额转入财政补助结转，借记本科目，贷记"财政补助结转"科目。

三、事业收入的会计核算

　　事业收入是指单位开展专业业务活动及其辅助活动所取得的收入。专业业务活动又被称为主营业务，它是单位按照本单位专业特点所从事或者开展的主要业务活动，如教学活动、科研活动、演出活动、医疗保健活动等。辅助活动是指与专业业务活动相关的，直接为专业业务活动服务的单位行政管理、后勤服务活动及其他有关活动。通过开展上述活动取得的收入，均作为事业收入进行核算。其中，按照国家有关规定应当上缴国库或者财政专户的资金，不计入事业收入；从财政专户核拨给单位的资金和经核准不上缴国库或者财政专户的资金，计入事业收入。

（一）事业收入的科目设置

　　单位应设置"事业收入"科目。本科目应当按照事业收入类别、项目、《政府收支分类科目》中"支出功能分类"相关科目等进行明细核算。事业收入中如有专项资金收入，还应按具体项目进行明细核算。本科目贷方登记单位取得的事业收入，借方登记缴回或者核销数。期末结账后，本科目应无余额。

(二) 事业收入的财务处理

1. 采用财政专户返还方式管理的事业收入

第一，收到应上缴财政专户的事业收入时，按照实际收到的款项金额，借记"银行存款""库存现金"等科目，贷记"应缴财政专户款"科目。

第二，向财政专户上缴款项时，按照实际上缴的款项金额，借记"应缴财政专户款"科目，贷记"银行存款"等科目。

第三，收到从财政专户返还的事业收入时，按照实际收到的返还金额，借记"银行存款"等科目，贷记本科目。

2. 其他事业收入

收到事业收入时，按照实际收到的款项金额，借记"银行存款""库存现金"等科目，贷记本科目。涉及增值税业务的，相关账务处理参照"经营收入"科目。

3. 期末的核算

期末，将本科目本期发生额中的专项资金收入结转入非财政补助结转，借记本科目下各专项资金收入明细科目，贷记"非财政补助结转"科目；将本科目本期发生额中的非专项资金收入结转入事业结余，借记本科目下各非专项资金收入明细科目，贷记"事业结余"科目。

四、经营收入的会计核算

经营收入是指单位在专业业务活动及其辅助活动之外开展非独立核算经营活动取得的收入。单位的经营收入通常同时具备两个特征：一是开展经营活动取得的收入；二是从开展非独立核算的经营活动中取得的收入。独立核算是指单位对其经济活动或预算执行过程及其结果，独立、完整地进行会计核算；非独立核算是指单位从上级单位领取一定数额的物资、款项从事业务活动，不独立计算盈亏，把日常发生的经济业务资料报给上级集中进行会计核算。单位的营利性活动包括商品销售收入、提供劳务收入和让渡资产使用权收入。

（一）经营收入的科目设置

为了核算单位在专业业务活动及其辅助活动之外开展非独立核算经营活动取得的收入，应设置"经营收入"科目。本科目借方登记因发生销售退回等而冲减的收入，贷方登记单位实现的经营收入。本科目应当按照经营活动的类别、项目、《政府收支分类科目》中"支出功能分类"相关科目等进行明细核算。期末结账时，应将本科目余额转入"经营结余"科目，结账后，本科目应无余额。

（二）经营收入的账务处理

第一，经营收入应当在提供服务或发出存货，同时收讫价款或者取得索取价款的凭据时，按照实际收到或应收的金额确认收入。实现经营收入时，按照确定的收入金额，借记"银行存款""应收账款""应收票据"等科目，贷记本科目。

属于增值税小规模纳税人的单位实现经营收入，按照实际出售价款，借记"银行存款""应收账款""应收票据"等科目，按照出售价款扣除增值税额后的金额，贷记本科目，按照应缴增值税金额，贷记"应缴税费——应缴增值税"科目。

属于增值税一般纳税人的单位实现经营收入，按照包含增值税的价款总额，借记"银行存款""应收账款""应收票据"等科目，按照扣除增值税销项税额后的价款金额，贷记本科目，按照增值税专用发票上注明的增值税金额，贷记"应缴税费——应缴增值税（销项税额）"科目。

第二，期末，将本科目本期发生额转入经营结余，借记本科目，贷记"经营结余"科目。

五、上级补助收入、附属单位上缴收入和其他收入的会计核算

（一）上级补助收入的会计核算

上级补助收入是指单位从主管部门和上级单位取得的非财政补助收入。为促进各类单位的发展或者弥补单位正常业务资金的不足，单位的主管部门

或者上级单位用自身组织的收入或者集中下级单位的收入以一定的方式对单位予以拨款补助，这部分资金形成了单位的上级补助收入。财政部门通过主管部门和上级单位转拨的事业经费，应列入财政补助收入，不属于单位的上级补助收入。

1. 上级补助收入的科目设置

单位应设置"上级补助收入"科目。本科目应当按照发放补助单位、补助项目、《政府收支分类科目》中"支出功能分类"相关科目等进行明细核算。上级补助收入中如有专项资金收入，还应按照具体项目进行明细核算。本科目贷方登记从主管部门和上级单位实际取得的非财政补助收入，借方登记缴回数或者核销数。期末结账后，本科目应无余额。

2. 上级补助收入的账务处理

第一，收到上级补助收入时，按照实际收到的金额，借记"银行存款"等科目，贷记本科目。

第二，期末，将本科目本期发生额中的专项资金收入结转入非财政补助结转，借记本科目下各专项资金收入明细科目，贷记"非财政补助结转"科目；将本科目本期发生额中的非专项资金收入结转入事业结余，借记本科目下各非专项资金收入明细科目，贷记"事业结余"科目。

(二) 附属单位上缴收入的会计核算

附属单位上缴收入是指单位附属独立核算单位按照有关规定上缴的收入，包括附属单位上缴的收入和利润等。附属独立核算的单位，一般是指有独立法人资格的单位。单位取得的该项收入，是凭借特定的经济关系获得的，一旦取得，就为单位所拥有，即可确认为收入。

理解附属单位上缴收入需要注意以下两个问题：第一，单位开展非独立核算经营活动取得的收入，应当确认为经营收入，不能作为附属单位上缴收入；第二，单位对附属单位经营项目的投资所获得的投资收益，应确认为其他收入，不属于附属单位上缴收入。

1. 附属单位上缴收入的科目设置

单位应设置"附属单位上缴收入"科目。本科目应当按照附属单位、缴款项目、《政府收支分类科目》中"支出功能分类"相关科目等进行明细核算。附属单位上缴收入中如有专项资金收入，还应按照具体项目进行明细核算。本科目贷方登记附属单位上缴的收入增加数，借方登记其减少数，即转入"事业结余"和"非财政补助结转"科目的金额及发生的缴款退回数。期末结账后，本科目应无余额。

2. 附属单位上缴收入的账务处理

第一，收到附属单位缴来款项时，按照实际收到的金额，借记"银行存款"等科目，贷记本科目。

第二，期末，将本科目本期发生额中的专项资金收入结转入非财政补助结转，借记本科目下各专项资金收入明细科目，贷记"非财政补助结转"科目；将本科目本期发生额中的非专项资金收入结转入事业结余，借记本科目下各非专项资金收入明细科目，贷记"事业结余"科目。

(三) 其他收入的会计核算

1. 其他收入的科目设置

单位为了核算单位除财政补助收入、事业收入、上级补助收入、附属单位上缴收入和经营收入以外的各项收入，包括投资收益、银行存款利息收入、租金收入、捐赠收入应设置"其他收入"科目。本科目应当按照其他收入的类别、《政府收支分类科目》中"支出功能分类"相关科目等进行明细核算。对于单位对外投资实现的投资净损益，应单设"投资收益"明细科目进行核算；其他收入中如有专项资金收入（如限定用途的捐赠收入），还应按具体项目进行明细核算。本科目贷方登记其他收入的增加数，借方登记其他收入的缴回数或者年终结转数。期末结账后，本科目应无余额。

2. 其他收入的账务处理

第一，投资收益。一是对外投资持有期间收到利息、利润等时，按实际收到的金额，借记"银行存款"等科目，贷记本科目（投资收益）。二是出售或到期收回国债投资本息，按照实际收到的金额，借记"银行存款"等科目，按照出售或收回国债投资的成本，贷记"短期投资""长期投资"科目，按其差额，贷记或借记本科目（投资收益）。

第二，银行存款利息收入、租金收入。收到银行存款利息、资产承租人支付的租金，按照实际收到的金额，借记"银行存款"等科目，贷记本科目。

第三，捐赠收入。一是接受捐赠现金资产，按照实际收到的金额，借记"银行存款"等科目，贷记本科目。二是接受捐赠的存货验收入库，按照确定的成本，借记"存货"科目，按照发生的相关税费、运输费等，贷记"银行存款"等科目，按照其差额，贷记本科目。要注意接受捐赠的固定资产、无形资产等非流动资产，不通过本科目核算。

第四，收回已核销应收及预付款项。已核销应收账款、预付账款、其他应收款在以后期间收回的，按照实际收回的金额，借记"银行存款"等科目，贷记本科目。

第五，无法偿付的应付及预收款项。无法偿付或债权人豁免偿还的应付账款、预收账款、其他应付款及长期应付款，借记"应付账款""预收账款""其他应付款""长期应付款"等科目，贷记本科目。

第六，期末，将本科目本期发生额中的专项资金收入结转入非财政补助结转，借记本科目下各专项资金收入明细科目，贷记"非财政补助结转"科目；将本科目本期发生额中的非专项资金收入结转入事业结余，借记本科目下各非专项资金收入明细科目，贷记"事业结余"科目。

第二节　支出的会计核算

一、支出概述

支出是指单位为开展业务及其他活动所发生的各项资金耗费和损失以及用于基本建设项目的开支。

(一) 支出的含义

单位的支出或者费用包括以下几个方面：

第一，事业支出是指单位开展各项专业业务活动及其辅助活动发生的基本支出和项目支出。

第二，对附属单位补助支出是指单位用财政补助收入之外的收入对附属单位补助发生的支出。

第三，上缴上级支出是指单位按照财政部门和主管部门的规定上缴上级单位的支出。

第四，经营支出是指单位在专业业务活动及其辅助活动之外开展非独立核算经营活动发生的支出。

第五，其他支出是指除事业支出、对附属单位补助支出、上缴上级支出和经营支出以外的各项支出，包括利息支出、捐赠支出等。

(二) 支出的分类

单位支出范围很广，项目繁多，为了便于对各项支出的研究分析，认识它们之间的区别与联系，有针对地加强支出管理和监督，不断提高资金的使用效益，我们应对行政单位支出进行科学的分类。

单位支出分类的方法主要有以下三种：

1. 按性质分类

按单位性质划分单位支出可以分为：①教育事业支出；②文体广播事业支出；③科学事业支出；④农林水利气象事业支出；⑤卫生事业支出；⑥工业交通事业支出；⑦流通事业支出；⑧抚恤和社会福利救济事业支出等。

按支出的性质划分单位支出分为事业支出、经营支出、对附属单位补助支出、上缴上级支出和自筹基本建设支出。

2. 按预算科目分类

按政府收支分类科目的要求分类，单位支出分为工资福利支出、商品和服务支出、对个人和家庭的补助、基本建设支出、其他资本性支出、其他支出。

按部门预算的要求分类，单位支出分为基本支出、项目支出、经营支出、对附属单位补助支出、上缴上级支出。

3. 按支出用途分类

单位人员支出包括基本工资、绩效工资、津贴、补贴、职工福利费、社会保障缴费、对个人和家庭的补助支出等。

二、经营支出的会计核算

经营支出，是指单位在专业业务活动及辅助活动之外开展非独立核算经营活动发生的支出。单位的主要业务是专业业务活动及辅助活动，为弥补单位经费的不足，更好地开展公益性服务活动，单位也可以开展经营活动。经营支出属于单位的非财政非专项资金支出。

我国的事业单位虽然大多数主要是提供公益性服务的单位，但也应该加强经济核算，可根据开展业务活动及其他活动的实际需要，实行内部成本核算。单位的经营业务，可以实行内部成本核算，也可以不实行内部成本核算，具体说来：

对于不实行内部成本核算的经营业务，其发生的所有业务支出都通过"经营支出"科目核算，包括材料费用、人工费用及相关税费。

对于实行内部成本核算的经营业务，应当对发生的业务费用进行归集、分配，准确计算产品的生产成本，在结转已销存货实际成本时确认经营支出。即如果单位的生产、加工经营业务实行内部成本核算，则经营支出为已销产品的实际成本。

(一) 经营支出的科目设置

单位设置"经营支出"科目，用于核算单位在专业业务活动及其辅助活动之外开展非独立核算经营活动时发生的支出。在本科目中，借方应登记实际发生的经营支出金额，贷方则登记因销售退回等原因而需冲减的经营支出。经营支出应当与经营收入相配比，这样可以更有效地考核经营业务的经济效益。本科目还需按照经营活动类别、项目以及《政府收支分类科目》中的"支出功能分类"相关科目进行明细核算。期末结账后，该科目应确保无余额，以准确反映当期的经营支出情况。

(二) 经营支出的账务处理

经营支出以权责发生制作为核算基础，按实际支出数额或实际发生数额进行计量。

1. 不实行内部成本核算

如果单位的经营业务不实行内部成本核算，经营支出在发生时按实际发生数额确认。为在专业业务活动及其辅助活动之外开展非独立核算经营活动人员计提的薪酬等，借记"经营支出"科目，贷记"应付职工薪酬"等科目。经营活动领用、发出存货，按领用、发出存货的实际成本，借记"经营支出"科目，贷记"存货"科目。经营活动中发生的其他各项支出，借记"经营支出"科目，贷记"库存现金""银行存款""应缴税费"等科目。

2.实行内部成本核算

如果单位的生产、加工经营业务实行内部成本核算，需要通过"存货——生产成本"等科目归集生产费用，计算产品生产成本，在结转已销存货实际成本时确认经营支出。

（1）生产成本的核算分两个环节

第一步，成本费用的归集与分配，将发生的各项费用计入相应的成本对象中，借记"存货——生产成本"科目，贷记"存货——领用的某种材料""应付职工薪酬""库存现金""银行存款"等科目。如果经营活动中存在一个车间生产两种产品以上，发生的间接费用先要在"存货"科目下的相关明细科目中归集，然后再按有关标准进行分摊，以便正确计算各种产品的生产成本。

第二步，完工产品成本的结转，将成本费用转入相应的产品成本中。借记"存货——完工的某种产品"科目，贷记"存货——生产成本"科目。

（2）结转已销产品的成本

产品销售后，结转已销产品的成本，按照已销产品的实际生产成本，借记"经营支出"科目，贷记"存货——销售的某种产品"等科目。

3.期末结转

期末，将本科目本期发生额转入经营结余，借记"经营结余"科目，贷记"经营支出"科目。

三、上缴上级支出的会计核算

上缴上级支出，是指单位按照财政部门和主管部门的规定上缴上级单位的支出，属于单位的支出项目。有上缴上级支出的单位是实行独立核算并附属于上级单位的单位。本单位的上缴上级支出和上级单位的附属单位上缴收入相对应。上缴上级支出属于单位的非财政非专项资金支出。

根据本单位与上级单位之间的体制安排，单位取得的各项收入应当按规定标准或比例上缴上级单位，形成单位的上缴上级支出，单位需要上缴上级单位的款项通常是单位的事业收入、经营收入和其他收入。

（一）上缴上级支出的科目设置

单位设置"上缴上级支出"科目，本科目应当按照收缴款项单位、缴款项目、《政府收支分类科目》中"支出功能分类"相关科目等进行明细核算。期末结账后，本科目应无余额。

（二）上缴上级支出的账务处理

上缴上级支出以收付实现制作为核算基础，按实际上缴的数额计量。

1. 上缴款项

按规定将款项上缴上级单位的，按照实际上缴的金额，借记"上缴上级支出"科目，贷记"银行存款"等科目。

2. 期末结转

期末，将本科目本期发生额转入事业结余，借记"事业结余"科目，贷记"上缴上级支出"科目。

四、对附属单位补助支出的会计核算

（一）对附属单位补助支出的内容

对附属单位补助支出，是指单位用财政补助收入之外的收入对附属单位补助所发生的支出。附属单位是指实行独立核算的下级单位。本单位的对附属单位补助支出与下级单位的上级补助收入相对应。对附属单位补助支出属于单位的非财政非专项资金支出。

单位作为上级单位，可以使用自有资金对下属单位进行各项补助，支持所属单位事业的发展。单位可以使用事业收入、经营收入和其他收入等非财政性资金对附属单位给予补助，但不能用财政补助收入对附属单位进行补助。

（二）对附属单位补助支出的科目设置

单位设置"对附属单位补助支出"科目，本科目应当按照接受补助单位、补助项目、《政府收支分类科目》中"支出功能分类"相关科目等进行明细核算。期末结账后，本科目应无余额。

(三) 对附属单位补助支出的账务处理

对附属单位补助支出以收付实现制作为核算基础,按实际补助的数额计量。

1. 对附属单位补助支出

发生对附属单位补助支出的,按照实际支出的金额,借记"对附属单位补助支出"科目,贷记"银行存款"等科目。

2. 期末结转

期末,将本科目本期发生额转入事业结余,借记"事业结余"科目,贷记"对附属单位补助支出"科目。

五、其他支出的会计核算

其他支出,是指单位除事业支出、经营支出、上缴上级支出、对附属单位补助支出、经营支出以外的各项支出。其他支出属于非财政性资金支出,主要包括利息支出、捐赠支出、现金盘亏损失、资产处置损失、接受捐赠(调入)非流动资产发生的税费支出等。

按照支出的使用要求,其他支出分为专项资金支出和非专项资金支出。专项资金支出是用其他收入中的专项资金收入安排的支出;非专项资金支出是用其他收入中的非专项资金收入安排的支出。

(一) 其他支出的科目设置

单位设置"其他支出"科目,本科目应当按照其他支出的类别、《政府收支分类科目》中"支出功能分类"相关科目等进行明细核算。其他支出中如有专项资金支出,还应按具体项目进行明细核算。期末结账后,本科目应无余额。

(二) 其他支出的账务处理

其他支出以收付实现制作为核算基础,按实际发生数额计量。

1. 利息支出

支付银行借款(包括短期借款和长期借款)利息时,借记"其他支出"科目，贷记"银行存款"科目。为购建固定资产（"在建工程"未完工时）、无形资产支付的专门借款利息，属于工程项目建设期间支付的，在确认利息支出的同时，还要将其计入工程成本，即利息资本化。

2. 捐赠支出

（1）对外捐赠现金资产，借记"其他支出"科目，贷记"库存现金""银行存款"等科目。

（2）对外捐出存货，借记"其他支出"科目，贷记"待处置资产损益"科目。

单位对外捐赠货币资金、存货等流动资产，都通过"其他支出"科目核算；对外捐赠固定资产、无形资产等非流动资产，不通过本科目核算，应当冲减其对应的非流动资产基金。

3. 资产处置损失

报经批准核销的应收及预付款项、处置存货，借记"其他支出"科目，贷记"待处置资产损益"科目。

4. 接受捐赠（调入）非流动资产发生的税费支出

接受捐赠、无偿调入非流动资产发生的相关税费、运输费等，借记"其他支出"科目，贷记"银行存款"等科目。

以固定资产、无形资产取得的长期股权投资，所发生的相关税费计入本科目。具体账务处理参见"长期投资"科目。

5. 期末结转

期末，将本科目本期发生额中的专项资金支出结转入非财政补助结转，借记"非财政补助结转"科目，贷记"其他支出"科目下各专项资金支出明细科目；将本科目本期发生额中的非专项资金支出结转入事业结余，借记"事业结余"科目，贷记"其他支出"科目下各非专项资金支出明细科目。

第四章　内部审计流程、方法与管理

内部审计是被审计单位内部控制体系的重要组成部分，对于保障单位运营合规性和稳健性具有重要意义。本章将详细介绍内部审计的基本流程、方法和管理要求，帮助读者了解内部审计的工作机制和操作规范。

第一节　内部审计概述

内部审计，是一种独立、客观的确认和咨询活动，它通过运用系统、规范的方法，审查和评价组织的业务活动、内部控制和风险管理的适当性和有效性，以促进组织完善治理、增加价值和实现目标。

内部审计是"外部审计"的对称，是由部门、单位内部专职审计人员进行的审计。目的在于帮助部门、单位的管理人员实行最有效的管理。内部审计与外部审计相配合并互为补充，是现代审计的一大特色。健全的内部审计制度，可为外部审计提供可信赖的资料，减少外部审计的工作量。在我国，内部审计不仅是部门、单位内部经济管理的重要组成部分，还作为国家审计的基础，被纳入审计监督体系。

一、内部审计的一般特征

一般而言，内部审计具有以下几个特征。

(一) 审计服务的内向性

内部审计的目的在于促进单位经营管理和经济效益的提高，因而内部审计既是单位的审计监督者，也是根据单位管理要求提供专门咨询的服务者。服务的内向性是内部审计的基本特征。内部审计一般在本单位主要负责人领导下进行工作，只向本单位领导负责。

（二）审计工作的相对独立性

内部审计同外部审计一样，都必须具有独立性，一方面，在审计过程中必须根据国家法律法规及有关财务会计制度，独立地检查、评价单位及所属单位的财务收支及与此相关的经营管理活动，维护国家利益。另一方面，由于内部审计机构是单位内设的机构，内部审计人员是单位的职工，这就使内部审计的独立性受到很大的制约；特别是在遇到国家利益与单位利益冲突的情况下，内部审计机构的独立决策可能会受到单位利益的限制。因此，内部审计的独立是相对的独立。

（三）审计程序的相对简化性

内部审计的程序主要包括规划、实施、终结和后续审计等多个阶段。由于内部审计机构对单位的情况比较熟悉，在具体实施审计过程中，各个阶段的工作都大为简化。

一是规划阶段中的许多工作，往往可以结合日常工作进行，从而使规划工作量得以减少，时间也大为缩短。审计项目计划通常由内部审计机构根据上级部门和本单位的具体情况拟定，并报单位领导批准后实施。

二是内部审计的实施过程，针对性比较强，许多资料和调查都依赖于内部审计人员的平时积累。

三是内部审计机构提出审计报告后，通常由所在部门出具审计意见书或做出审计决定。

四是被审计部门对审计意见书和审计决定如有异议，可以向内部审计机构负责人提出。

（四）审查范围的广泛性

内部审计主要是为单位经营管理服务的，这就决定了内部审计的范围必然要涉及单位经济活动的方方面面。内部审计既可进行内部财务审计和内部经济效益审计，又可进行事后审计和事前审计；既可进行防护性审计，又可进行建设性审计。

(五) 审计实施的及时性

内部审计机构是单位的一个部门，内部审计人员是单位的职工，因而可根据需要随时对单位的问题进行审查。一是可以根据需要，简化审计程序，在本单位负责人的领导下，及时开展审计；二是可以通过日常了解，及时发现管理中存在的问题或问题的苗头，并且可以迅速与有关职能部门沟通或向单位最高管理者反映，以便采取措施，纠正已经出现和可能出现的问题。

从以上特征可以看出，随着内部审计的发展，内部审计的作用已经不再单单局限于财务收支的审查，它可以深入单位内部管理的各个方面，充分发挥参谋与助手作用、咨询建设作用、风险管理作用、保护作用、调节协调作用甚至对外提供咨询服务等。

二、内部审计的职能分析

随着社会经济的发展、科学技术和人的思维能力的进步，人们对事物本质的认识进一步深化和延伸。这种认识上的深化和延伸同时也有助于揭示事物的潜在职能，改变事物现有的职能，从而使人们更能驾驭事物，并为实现人们的某种目标服务。内部审计职能受内部审计对象的制约，是内部审计本质属性的反映，也是人们对内部审计在客观上发展的作用的一种抽象认识。内部审计的职能随着审计目标的变化而变化，并为实现审计目标服务。一般认为，现代内部审计具有审查与监督、鉴证、评价、确认与服务等多种职能。

(一) 审查与监督

内部审计审查与监督就是检查和督促组织内部人员在其授权范围内有效地履行职责，以保证组织的各项活动在符合政府的法律法规、组织的方针政策以及公认管理原则的正常轨道上运行。审查与监督职能是内部审计最基本的职能。无论是早期的查错防弊，还是现在的各种检查和评价活动，都蕴含着监督的职能。内部审计的经济监督主要包括以下三个方面的内容：

1. 监督单位各种业务经营活动的合法性和合规性

例如，对单位的生产、供销、分配、计划、决策、人事等活动进行检查，从宏观着眼，从微观入手，督促单位严格遵守国家政策、方针、法规和制度。

2. 监督单位内部各种经济活动的有效性和经济性

例如，检查单位经济活动是否与经营目标保持一致；检查单位内部各部门人员是否忠于职守，履行其应承担的职责；检查各部门的经济活动是否有较高的效率，是否取得预期的成果，是否厉行节约。

3. 监督经济活动资料的真实性和可靠性

例如，对单位的会计资料进行检查，了解其内容是否真实、可靠，账实是否相符；承包单位完成的责任指标是否真实，有无水分等。

(二) 鉴证

内部审计人员对被审计部门或单位的财务状况、财务成果及经济活动加以鉴定和证明，据以提出审计结论。鉴证必须在审查的基础上进行，因此，审查与监督是进行鉴证的前提，鉴证是审查与监督的结果。

内部审计人员通过对单位内部的经济业务及相关活动进行审查，不仅可以及时发现和揭露单位在内部控制与管理方面存在的薄弱环节，同时还能够对单位内部各部门的生产经营活动绩效的真实性、正确性、效益性做出鉴证，为落实单位管理层的经济责任和在内部各部门贯彻激励与约束机制，刺激落后、鼓励进步，提供客观依据。

(三) 评价

内部审计的评价是指内部审计人员依据一定的审计标准对所检查的活动及其效果进行合理的分析和判断。为实现组织目标所从事的一切生产、经营、管理活动，都是内部审计评价的对象。例如，决策、计划、方案的确定是否符合实际；各种活动是否依据授权并遵照既定的程序、标准进行；是否达到预期的效果，是否实现既定的目标；各种信息是否真实、准确和完整，以及处理信息的方法是否恰当；资源是否正被经济、有效地使用等。

与鉴证职能一样，内部审计的评价职能也是在审查的基础上进行的。

内部审计在进行评价时，可同时做出鉴证；在做出鉴证时，必须做出评价。鉴证和评价这两个职能是相辅相成、密切联系的。

评价的依据及要求是，必须有一套可以参照的标准和指标体系。这种标准和指标体系要求：足以反映经济活动的主要方面，反映其本质属性，特别是要能够衡量单位经营业绩和经济效益的可信程度；应具有先进性、客观性和可比性，以便通过比较判断，得出比较切合实际的结论。

(四) 确认与服务

审计职能从预防性发展到加强管理的建设性，是传统审计发展成现代审计的一个重要标志。内部审计自然也一样。因此，内部审计人员在履行其职责时，不仅可以对单位的经济活动进行制约与控制，而且还可以加强管理，促进制度建设。

内部审计要从单位的组织结构、管理体制、经营方针、政策和方法等方面进行审核、分析与评价，揭示经营过程中存在的短板，兴利除弊、扬长避短。其目的是要协助单位高层管理者寻找提高财务活动、经营管理活动的效率、效果，提高资源配置经济性的可能途径。内部审计机构和审计人员在单位中相对独立的地位，为其提出比较全面、中肯、可行的建议提供了有利条件，从而有助于加强单位的全面管理。

第二节　内部审计的基本流程

审计流程是指审计人员在具体的审计过程中采取的行动和步骤。规范内部审计具体业务的操作流程是完善集团内部审计工作、确保审计人员顺利完成审计任务的重要保证，根据《内部审计制度》及《内部审计实务标准》的相关规定，内部审计业务的具体操作流程规范如下，审计人员应在审计工作中按规定遵照执行。

一、审计立项与授权

(一) 审计立项

审计立项是指确定具体的内部审计项目，即被审计的对象，也是开展审计工作的第一个环节。审计对象包括组织机构下属的各子单位以及组织机构内部的各职能部门、各项经营活动或项目、系统等。

审计对象的选择一般由以下三种方式决定：

第一，机构审计部通过对组织机构的经营活动进行系统的风险分析来制订年度内部审计工作计划表，经批准后逐项实施。

第二，由组织机构负责人或董事会下达的计划外专项审计任务。

第三，由被审计者提出审计要求，经批准实施审计业务。

(二) 审计批准与授权

对于已立项的审计项目，审计部应在审计实施前以正式报告的形式报机构总裁审核、批准与授权。

二、审计准备

在确定审计事项后，审计人员开始审计准备工作，制订审计计划。审计准备工作主要包括以下五个方面。

(一) 初步确定具体审计目标和审计范围

1. 内部审计的总目标

内部审计的总目标是审查和评价集团各项经营管理活动，协助集团组织的成员有效地履行他们的职责。针对已确定的具体审计任务，审计人员应制定具体的审计目标以有助于拟订审计方案和审计工作结束后的审计评价。

2. 内部审计的范围

内部审计的范围：①组织内部控制系统的恰当性、有效性。②财务会计信息和资料的准确性、完整性、可靠性。③经营活动的效率和效果。④资产的护卫情况。⑤对法律法规及政策、计划的遵守、执行情况。

　　审计人员应根据具体的审计任务确定具体的审计范围以确保审计目标的实现。

（二）研究背景资料

　　在制订审计计划时应收集、研究审计对象的背景资料。

　　当审计对象为集团子单位、职能部门时，背景资料主要包括其组织结构、经营管理情况、管理人员相关资料、定期的财务报告、有关的政策法规和预算资料等。

　　当审计对象为某一项目、系统时，背景资料主要是指其立项、预算资料、合同及相关责任人资料等。

　　如果在以前年度实施过内部审计，则应调阅以前的审计文件，关注以前的审计发现及审计对象对审计建议的态度。

（三）成立审计小组和确定审计时间

　　不同的审计项目要求审计人员具备不同的知识和技能，根据实际业务的需要，审计部门应安排合适的审计人员，指定审计项目负责人，并对审计工作进行具体的安排。

　　成立审计小组的同时，应初步确定审计时间，包括审计开始的时间、外勤工作时间、审计结束及审计报告的提交时间。

（四）准备初步审计计划

　　审计计划是指内部审计机构和人员为完成审计业务，达到预期的审计目的，对一段时期的审计工作任务或具体审计项目做出的规划。审计计划一般包括审计机构编制年度审计计划、审计人员按照年度审计计划编制项目审计计划和具体审计方案三个层次。

　　审计项目负责人可以根据被审计单位的经营规模、业务复杂程度及审计工作的复杂程度确定审计计划阶段工作的繁简程度，合并或省略某些步骤或采用以前审计工作的成果。

　　在被审计单位背景资料不全或实施突击性检查等情况下，审计人员也可以在审计过程中重新制订和完善审计计划。

1.年度审计计划

年度审计计划是对年度的审计任务所做出的事先规划，是组织年度工作计划的重要组成部分。年度审计计划应在下年度开始前由内部审计机构负责人编制完成，并报组织适当管理层批准，以指导内部审计机构下年度的工作。

在制订年度审计计划前，审计人员应先了解以下情况，以评价各审计项目的风险程度：①组织的发展目标以及年度工作重点；②严重影响相关经营活动的法规、政策、计划和合同；③相关内部控制的质量情况；④相关经营活动的复杂性及其近期变化情况；⑤相关人员的能力、品质及岗位的近期变化情况；⑥其他与审计有关的重要情况。

一个完整的年度审计计划一般须有文字说明和数字表格两部分内容，即审计计划书和审计计划表。文字说明部分主要介绍年度审计计划工作的指导思想、方针、重点、主要任务和编制依据，以及实现计划任务的主要措施。年度审计计划应当包括以下基本内容：①内部审计年度工作目标；②需要执行的具体审计项目及其先后顺序；③各审计项目所分配的审计资源；④后续审计的安排。

2.项目审计计划

项目审计计划是对具体审计项目实施的全过程所做的综合安排。编制项目审计计划的过程在整个审计项目中占有重要地位。项目审计计划必须在审计工作开始前得到内部审计机构负责人的书面批准，审计项目应严格按照项目审计计划展开。

（1）审计计划的编制过程

编制项目审计计划的过程通常可分为以下几个步骤：

第一，查阅被审计单位以往的审计档案。被审计单位多数情况下并不是第一次接受审计。虽然即将进行的审计与以往的审计工作的目的和范围可能不尽相同，但审计项目负责人却可以通过查阅档案获得被审计单位的背景资料，并为审计工作开始的初步调查做好准备。

第二，与被审计单位的管理层进行沟通。内部审计人员应在审计工作开始前与被审计单位的管理层进行沟通。沟通可以采用非正式的形式，然后再以备忘录加以确认，也可以召开会议，讨论审计项目的关键事项。

第三，初步调查及调查总结。审计人员在审计项目开始前，可根据需要进行初步调查，以熟悉被审计单位的营运活动、内部控制系统及风险，确定审计重点并征求被审计单位的意见。

第四，初步评价重要性与审计风险。内部审计人员在整个审计过程中，都应充分考虑重要性与审计风险的问题，以达到最好的审计效果。

第五，编制项目审计计划。在初步调查以及对重要性和审计风险的评估完成后，审计组负责人应根据取得的材料编制项目审计计划。

（2）项目审计计划的内容

项目审计计划应包括以下内容：①审计目的和审计范围；②重要性和审计风险的评估；③审计小组构成和审计时间的分配；④对专家和外部审计工作结果的运用；⑤其他有关内容。

项目审计计划既可以按被审计单位的业务循环来编制，也可以按业务部门编制，还可以按财务报表的项目来编制。对于某些类型的审计，则可以按被审计事项的特定内容划分审计范围、编制项目审计计划。例如，合同审计就可以分为内容审计、合同手续审计、合同执行审计等。

3. 具体审计方案

审计方案是对实施具体审计项目所需要的审计内容，审计程序人员分工及其时间等所做出的详细安排。

（1）具体审计目标

具体项目的审计目标是对总体审计目标的细化，直接用以指导具体审计方法和程序。通过对被审计对象的初步了解，结合管理当局的要求，汇总以前年度的审计发现与改正措施，审计人员可以确定哪些是被审计单位的重要风险，哪些是次要风险；按照风险的高低程度进行排列，最后就可以确定被审计对象的主要风险，即具体审计目标。

（2）具体审计方法和程序

审计程序是内部审计人员为实现审计目标而采取的一系列方法与步骤的综合。即通过一系列询问、观察、检查、测试等步骤，以证明审计目标的实现程度。

确定审计程序时审计人员需要注意三个问题：一是程序要具体、明确，不能模棱两可，与审计目标无关或关系不大的审计程序应全部删除；二是程序要简单，能准确描述审计操作过程、具体数量与步骤即可，不能重复；三是程序要可执行，有些方法可能在理论上是可行的，但在实际中却难以操作，或是执行难度较大，这种程序就不适合内部审计人员执行。

（3）执行人员及执行日期

制定审计方案的一个重要内容就是合理配备审计项目小组的主要成员和助理人员。项目负责人需要根据审计项目的性质、特点及复杂程度，结合审计人员的学识、专业、能力及经验等，合理配备相应的内部审计人员。

时间预算也就是落实审计方案中的具体时间步骤。一般情况下，审计人员在审计准备过程中所花费的时间与其进行现场审计、编制审计报告所需要的时间具有一定的相关性。对于同一个审计项目来说，前期准备时间越充分，现场审计所需要的时间可能就越短。

一个审计项目越复杂，所需要执行的审计程序就越多，则所需要的时间预算就越长。内部审计部门在长期的审计工作经验的基础上已经形成较为固定的审计程序和一些标准化的审计方案，这既有利于现场审计的进行，又使审计人员能较为准确地控制审计进程，从而为项目负责人分配合理的审计时间提供基础。

（五）发出审计通知书

审计通知书，是指内部审计机构在实施审计前，通知被审计单位或个人接受审计的书面文件。内部审计机构应当在实施审计项目三日前，向被审计单位送达审计通知书，正式通知被审计单位做好准备，提供有关文件、会计凭证、账册和报表等资料，并为审计组织提供必要的工作条件。

审计通知书的主要内容：①被审计单位及审计项目的名称；②审计目的及审计范围；③审计时间；④被审计单位应提供的具体资料和其他必要的协助；⑤审计小组名单；⑥内部审计机构及其负责人的签章和签发日期。

如要求被审计单位提前进行自查，应在审计通知书中写明自查的内容、要求和事件，并适当提前发出审计通知书。

以上为审计工作的准备阶段，完成准备工作后，审计工作即进入外勤工作阶段。

三、初步调查

(一) 审计座谈会

审计开始前，审计人员应与被审计单位负责人、财务负责人及其他相关人员召开审计座谈会。了解基本情况、说明审计的目标和范围以及审计中需要提供的各种资料和需要协助的范围等。

(二) 实地考察

审计人员应实地考察被审计单位的经营地点、设备、职员及业务情况，对被审计单位的业务活动获得感性认识。

(三) 研究文件资料

审计人员对被审计单位提供的及实地考察过程中得到的文件资料进行整理归档，并进行查阅、研究。

(四) 编写初步调查说明书

初步调查完成后，审计人员应编写简要的初步调查说明书，概括被审计单位的基本情况及初步调查的实施情况。

四、审计证据与审计工作底稿

只有取得充分适当的审计证据，才能形成合乎要求的审计工作底稿，并为做出审计结论和建议提供合理依据。

(一) 内部审计证据

审计证据是指内部审计人员在实施内部审计业务过程中，通过实施审计程序所获取的，用以证实审计事项，支持审计结论、意见和建议的各种事实依据。由于目的的特殊性，审计证据与法律证据等其他类型的证据具有一定的区别。

1. 收集审计证据的原则

（1）目标明确原则

一是根据法律程序、审计项目确定需获取哪些证据；二是根据审计方案要求确定收集的审计证据达到什么目标。一般必须取得物证、书证、证人、证言、被审计人的陈述、视听资料、鉴定结论等。

（2）及时准确原则

审计证据是客观存在的，但也有时间上的要求，有些证据在短期内会因各种客观因素而消失。在审计过程中，对发现的重大违纪线索必须保护好现场资料，审计人员认为必须获取的审计证据应当及时取得书面证据和被审计人的证言以及实物资料。根据需要，在报经审计机关负责人批准的情况下，迅速做出是否采用封存财务会计资料、先行登记保存银行存款、有价证券、找相关证人取得证人证言等手段的决定，及时抓住时机，防止串供、更改账目、做伪证等情况的发生，确保审计工作处于主动的地位。

（3）客观全面原则

所谓客观全面，是指在审计职责的范围内，从客观实际出发收集证据，不夸大、不缩小、不先入为主，对审计数据的调查不采取威胁、诱导等手段。在审计底稿中对问题的综合分析利用方面，必须以记录事实为主。对于人民来信中反映的问题，要从不同的角度去收集证据，从证据上应能看出反映的问题是否属实、定性是否准确、出入在什么地方、该问题的性质及危害程度等。

（4）科学细致原则

在证据的收集过程中必须做到细致认真，抓住一些细小的环节进行对比分析，使获取的证据具有相关性、可靠性、合法性和充分性，便于分清罪与非罪、违法与违纪、违规与账目差错的界限。科学确定在收集证据前采用何种方法和手段。比如根据不同的情况做出是先从被审计单位的外部收集，还是从内部收集，是先向当事人收集，还是向被审计单位收集的决策，并做到收集证据的过程、结果必须科学可靠；科学细致对于发现审计线索具有十分重要的意义，尤其是对稍纵即逝的违纪违规问题，通过细致入微的观察，可以从中发现线索。

（5）严格可靠原则

一是被审计单位审计的必须是依法授权的项目或具有审计管辖权的项目；二是必须由法定的机关和指定2人以上的审计人员进行；三是审计取证的方法、手段、程序必须依法进行。只有具备这些条件，收集的审计证据才具有合法性。

2. 收集审计证据的渠道

（1）事前收集

主要是在审计前收集与审计项目相关的审计证据，也就是评价标准，它是衡量和判断审计对象正确性、真实性、合法性、合规性、有效性的尺度，主要包括被审计单位自己制定的依据、上级单位起草制定下发的各类文件资料以及国家颁布实施的法律法规等。

（2）事中获取

事中获取是指审计人员在现场审计中收集的证据，这是审计证据的主要来源。现场审计证据收集的方法很多，但一般主要采用向被审单位及相关部门直接索取有关证明材料的方法，也就是指审计人员针对审计项目和所要达到的目标，有目的地向被审计单位索取有关文件、凭证、账簿、指标等资料。在索取资料的过程中，被审计单位必须如实提供，不得拒绝或隐匿，更不能提供虚假的资料。如不能及时提供证据，应向审计人员说明理由。同时，若发现被审计单位提供的资料存在虚假的可能，应当场向被审计单位讲明利害关系，以保证索取资料的属实性。

（3）现场查阅

审计人员应亲自查阅被审计单位的有关资料，对业务资料、文件、档案材料等从形式到内容进行认真阅读。阅读中不能断章取义、片面理解，要在全面分析、客观公正的基础上，寻求相关的审计证据。对于审计过程中发现的问题，在做好笔录的同时必须获得相关材料的影印件，这样，收集的证据才是有价值的证据。

（4）抽查有关资料

在审计过程中，由于审计人员不可能对被审计单位的业务活动进行全面检查，但又必须完成审计项目，因此，审计人员只能根据能反映被审计单位经济活动的相关资料进行抽查，从而获得必要的审计证据。因此，所要抽查的资料必须是有用的、具有代表性和公允性的资料。

（5）实地盘点

实地盘点是指审计人员亲临现场对被审计对象的财产物资进行实地盘存和检查，并与有关记录进行核对来验证其真实性、完整性和安全性，从中获取足够的证据。一般在审计固定资产时适用这种方法。

（6）实地调查

审计人员通过观察、询问等方法，对查阅不明的事项进行内部调查，从而获得必要的审计证据。

（7）现场观察

现场观察是指审计人员到实地现场，通过观察业务操作流程和岗位之间相互制约程度以及检查内部制度的执行情况等手段，发现线索和直接获取证据。

（8）分析比较

审计人员利用已获得的、有价值的相关资料，采用科学的方法，通过对重要的比率、金额及其变动趋势的比较、分析来获取审计证据。

（9）证据鉴定

审计证据的数量并不是越多越好，应以能说明问题为限。审计人员通过各种途径收集到的审计证据，尽管具有证明力，但其证明力是潜在的，还不能直接用来证明审计项目，必须对证据的相关性、重要性、真实性进行鉴定。对于与被审计事项没有内在联系的证据应果断剔除；只有在证据与证据之间存在联系且能够相互证实时，其证据才能够被利用。当证据与证据之间内容不一致或存在矛盾的情况下，还应收集更多的相关证据进行判断。同时，对经过鉴定的证据还必须加以综合。也就是说，对相关证据从总体上加以归纳、分析、整理，使其条理化。通过综合分析，选出最适宜的、充分的、有说服力的证据，以此作为编写审计报告、发表审计意见、做出审计结论的重要依据。

3. 审计证据的不同类型

内部审计人员应当依据不同的审计事项及审计目标获取不同类型的审计证据。

（1）审计证据按其外形特征划分

第一，书面证据。即以书面形式存在并证明审计事项的证据，包括与审计事项有关的各种原始凭证、记账凭证、账簿、报表和其他核算资料，以及各种会议记录和文件、合同、通知书、报告书和函件等。书面证据是审计证据的主要组成部分，具有数量多、覆盖面广、多样化的特点。

第二，实物证据。即以实物形式存在（如现金、有价证券、库存资产等）并能证明审计事项的证据。审计人员可以收集能够证明审计事项的原始资料、有关文件和实物等，对不能或者不宜取得原始资料、有关文件和实物的证据，也可以采取文字记录、摘录、复印、拍照、转储、下载等方式取得审计证据。审计人员在收集实物证据时，应当注明实物的所有权人、数量、存放地点、存放方式和实物证据提供者等情况。

第三，视听电子证据。即以录音录像或者计算机储存的、证明审计事项的视听或者电子数据资料。审计人员在收集视听资料或者电子数据资料时，应当注明制作方法、制作时间、制作人和电子数据资料的运行环境、系统以及存放地点、存放方式等情况。必要时，电子数据资料能够转换成书面材料的，可以将其转换成书面材料。

第四，口头证据。即审计人员本人无法亲眼看到或亲临现场查到而向所发生情况或事件的见证人收集来的意见、看法、说明及答复等证据。一般情况下，口头证据本身并不足以证明事情的真相，不能直接用来证明审计事项，但可以作为审计线索，为证明审计事项服务。

第五，环境证据，也称状况证据，是指对被审计单位经济活动产生影响的各种环境事实。它包括6项内容：①有关内部控制制度、会计机构和人员情况；②有关管理制度、管理水平情况；③有关管理人员和会计人员的智力及其素质情况；④有关被审计单位的经营条件和发展趋势情况；⑤有关被审计单位的组织机构情况；⑥有关被审计单位的经营方针情况。

（2）按审计证据的来源划分

第一，亲历证据。审计人员通过运用自己的各种感官取得反映被审计事项真相的证据。

第二，外部证据。"内部证据"的对称，从被审计单位以外的第三方取得的审计证据。

第三，内部证据。由被审计单位产生并保存的各种证据，如会计资料、内部文件凭证等。一般而言，内部证据与外部证据相比较，内部证据的证明力较弱。

4.审计证据的整理与分析

审计证据的整理与分析是指内部审计人员将获取的审计证据运用一定的方法进行加工整理，并使之条理化和系统化的过程。

通过对审计证据的整理与分析，可使审计证据条理化、系统化；它是形成恰当的整体审计意见的必要步骤，有利于深入挖掘原始审计证据的潜在证明力。

审计证据的整理与分析的方法有分类、比较、计算、小结、综合等。

（二）审计工作底稿

审计工作底稿是指内部审计人员在审计过程中所形成的工作记录，是形成审计结论、发表审计意见、进行审计处理的直接依据，也是联系审计证据和审计结论的桥梁。

审计工作底稿的作用：①是编制审计报告的基础；②是组织、协调和指导审计工作的工具；③为审计质量的管理提供了基础；④是后续审计、再次审计和复议的重要资料；⑤是评价、考核审计人员工作的能力和业绩、明确审计责任的重要依据。

内部审计人员在审计工作中应编制审计工作底稿，以达到以下目的：①为形成审计报告提供依据；②说明审计目标的实现程度；③为评价内部审计工作质量提供依据；④证实内部审计机构及人员是否遵循内部审计标准；⑤为以后的审计工作提供参考；⑥提高内部审计人员的专业素质。

1.审计工作底稿的整理与使用

内部审计人员在审计项目完成后，应及时对审计工作底稿进行分类整理，按相关法规的要求归档、管理和使用。

审计工作底稿归内部审计组织所有，由内部审计机构或组织内部有关部门保管。

内部审计机构应建立工作底稿保密制度。如果内部审计机构以外的组织或个人要求查阅工作底稿，必须由内部审计机构负责人或其主管领导批准，但法院、检察院等部门依法进行查阅的除外。

2. 审计工作底稿的复核

对审计工作底稿实施复核是一项重要的审计程序。为防范审计风险，保证审计工作质量，内部审计机构应当建立审计工作底稿的分级复核制度，明确规定各级复核的要求和责任。内部审计机构负责人对审计工作底稿的复核负完全责任。

审计工作底稿应内容完整、记录清晰、结论明确，客观地反映项目审计计划与审计方案的制订及实施情况，并包括与形成审计结论、意见和建议有关的所有重要事项。

3. 审计工作底稿的沟通

结果沟通是内部审计机构与被审计单位、组织、适当管理层就审计概况、依据、结论、决定或建议进行讨论和交流的过程。沟通的目的是保证审计结果的客观、公正，并取得被审计单位、组织、适当管理层的理解。沟通一般采取书面或口头方式，也可采用其他适当的方式。外部审计（政府审计和社会审计）一般不将工作底稿给被审计单位征求意见，但内部审计却不一样，如果不是特别事项，都应与被审计单位充分沟通。在沟通中，将审计建议与意图传达被审计单位，有利于组织目标的实现。

五、分析性程序及审计测试

（一）分析性程序（比较、比率和趋势分析）

审计人员应根据财务报表和有关业务数据计算相关比率、趋势变动，用定量的方法更好地理解被审计单位的经营状况。其中，主要的分析、比较包括实际与预算的比较；年度内各月份数据的比较及趋势分析；年度间数据的比较及趋势分析；账户间关系分析；财务和经营比率与前期、同类经营机构的分析比较。审计人员通过比较和分析各项指标所发现的异常情况应引起充分关注，从而有针对性地采取更详细的审计程序来审查重点领域。

（二）描述和分析内部控制设计的恰当性

审计人员应采用绘制流程图、文字说明等方式描述被审计单位现有的内部控制制度。

审计人员应在认真研究、分析被审计单位现有内部控制系统的相关制度和规定等文件的情况下，对内部控制系统设计的恰当性进行评价。

(三) 初步分析和评价内部控制执行的有效性

第一，审计人员可采用内部控制调查表或询问相关人员等方式获得内部控制执行情况的相关信息。

第二，审计人员可采用对经营活动进行"穿行测试"或小样本测试的方式，初步评价内部控制系统的执行情况。"穿行测试"是审计人员针对关键控制点，选取一定的交易和经营活动进行程序测试或文件测试（根据组织的记录来追踪选定测试项目的整个过程）。小样本测试是指选择较少的样本量对选定项目进行测试、复核，以测试真实性，了解经营活动的实际处理是否与预期一致。

第三，研究信息系统的控制制度、进行信息系统的相关测试。信息系统的内部控制涉及被审计单位经营活动的信息收集、处理、传递和保管各个环节。尤其是集团各下属部门的信息系统控制的有效性、恰当性，直接影响其资金、资产安全及财务信息等的准确性和完整性。审计人员应对被审计单位信息系统的内控制度进行全面熟悉与分析，并根据实际情况进行相关的测试。

第四，分析重大风险领域，确定重点审计的范围及方法。通过对内部控制系统进行描述和测试后，审计人员应对被审计单位的内部控制情况进行分析并做出初步评价以评估风险，从而确定控制薄弱环节以及审计的重点。

(四) 实质性测试

在实施遵循性审计的过程中，内部审计人员应当收集充分的、可靠的、相关的和有用的审计证据（包括文件、函证、笔录、复算、询问等），进行审核、分析与研究，形成审计判断。一般应包括以下内容：

第一，加总相关明细账户余额与总账余额，比较并核对二者数据是否一致。

第二，运用统计抽样，从凭证到账户抽查会计记录。

第三，巡视库房，抽查清点库存商品、原材料等账面存货，确定存货的保管情况以及存货资产的存在性、完整性及计价的准确性。

第四，清查固定资产，确定资产的管理、使用情况以及增减值情况。

第五，盘点现金，核对银行存款余额，确定货币资金的安全性及账实核对情况。

第六，函证主要往来账户余额，选取无法函证或未取得回函的重要账户实行替代程序，确定往来结算的准确性。

第七，审核各类经济合同，对重要合同签订的招标、投标及执行情况进行审查与评价。

第八，审查工程的预算、决算资料，复算工程量，确定工程支出的合理性、准确性。

第九，检查采购计划、采购合同与发票、入库单、付款支票是否一致。

第十，采用分析性复核程序，审查成本计算的准确性、折旧计提的正确性等。

第十一，检查涉税项目，确定被审计单位是否遵守国家税收法律、法规及其他规定，是否按时、足额缴纳税款。

第十二，审核费用的发生情况、审批手续，确定其真实性、合法性、合理性。

第十三，其他审计程序。

六、审计报告

内部审计报告是指内部审计人员根据审计计划对被审计单位实施必要的审计程序后，就被审计事项做出审计结论，提出审计意见和审计建议的书面文件，是内部审计活动的最终成果。内部审计人员应在审计实施结束后，以经过核实的审计证据为依据，形成审计结论与建议，并出具审计报告。如有必要，内部审计人员可以在审计过程中提交期中报告，以便及时采取有效的纠正措施改善经营活动和内部控制。

(一) 审计报告的编制原则

审计报告应当客观、完整、清晰、及时、具有建设性，并体现重要性原则。编制内部审计报告的一般原则如下：

第一，审计报告的编制应实事求是、客观公正地反映审计事项；

第二，审计报告应按照规定的格式及内容编制，做到要素齐全、格式规范，不遗漏审计中发现的重大事项；

第三，审计报告应突出重点、简明扼要、易于理解；

第四，审计报告应及时编制，以便适时采取有效的纠正措施；

第五，审计报告应针对被审计单位经营活动和内部控制的缺陷提出可行的改进建议，促进组织目标的实现；

第六，审计报告形成的审计结论与建议应当充分考虑审计项目的重要性和风险水平；

第七，内部审计机构应该建立健全审计报告分级复核制度，明确规定各级复核的要求和责任；

第八，审计报告是对被审计单位经营活动及内部控制的适当性、合法性和有效性所做出的相对保证。

(二) 形成审计意见

审计报告定稿后，应按单位规定的权限送至审计委员会或高级主管领导进行审阅，或直接根据授权进行处理。对审计报告应采取适当的方式进行讨论，并形成审计意见，审计意见应送至组织适当管理层，并要求被审计单位进行整改或采取措施向某方向努力。

(三) 审计报告的编制、复核与分发

审计项目负责人应在实施必要的审计程序后编制审计报告，并向被审计单位征求反馈意见。被审计单位对审计报告有异议的，审计项目负责人及相关人员应进行研究、核实，必要时应修改审计报告。审计报告经过必要的修改后，应连同被审计单位的反馈意见及时送内部审计机构负责人复核。

内部审计机构应将审计报告提交给被审计单位和组织适当管理层（主管内部审计机构的管理层），并要求被审计单位在规定的期限内落实纠正措施。

七、后续审计

(一) 后续审计的含义及特点

后续审计是指内部审计机构为跟踪检查被审计单位针对审计发现的问题所采取的纠正措施及其改进效果而进行的审查和评价活动。被审计单位管理层的责任是对审计中发现的问题采取纠正措施，内部审计人员的责任是评价被审计单位管理层采取的纠正措施是否及时、合理、有效。

后续审计具有以下特点：

第一，后续审计不是一个独立的审计项目。后续审计是前一次审计的延续，内部审计机构负责人如果初步认定被审计单位管理层对审计发现的问题采取了有效的纠正措施，后续审计可以作为下次审计工作的一部分。

第二，在后续审计中，审计人员重点关注的应当是问题能否得以解决以及对被审计单位的影响，而不在于审计报告中所提出的具体建议是否得到严格执行。因此，被审计单位所采取的纠正措施及其效果是后续审计的主要内容。

第三，后续审计的程序和方法与一般的审计程序和方法基本相同，但针对性较强。

(二) 后续审计的实施程序

后续审计工作是保证内部审计人员落实审计建议和实现纠错防弊职能的重要步骤，审计人员只有认真履行一定的审计程序才能保证审计质量。后续审计的实施程序如下：

1. 认真分析被审计单位的反馈

被审计单位的反馈是指被审计单位对审计报告中的结论、意见或建议的回应。反馈可分为四种类型：一是不反馈；二是反馈不充分；三是被审计单位存在分歧意见；四是被审计单位提交了不采取纠正措施的详细说明。内部审计人员应有效区分和充分了解被审计单位的反馈，还可以通过对反馈的认识确定今后的工作目标和方向，或者澄清事实，或者采取其他纠正措施，但内部审计人员不能把自己的意见强加给被审计单位。

2. 对反馈不充分及没有反馈的问题与被审计单位进行探讨

探讨的内容包括不反馈的原因或被审计单位的其他考虑等，通常情况下内部审计人员可采用面谈或电话咨询的方式进行。探讨要采用客观和公正的态度，运用有效沟通和协调的技巧，注意不能发生侵权和越权的行为。

3. 对重大的审计结果进行现场追踪审计和测试

现场追踪审计可采用的方法包括访问、面谈、测试以及检查纠正措施的记录资料等。与内部审计实施阶段相似，后续审计的关键步骤在于取得现场追踪数据和实时考察资料并记录于审计工作底稿，形成文件，为以后的审计工作提供参考。

4. 针对已采取的各项措施进行评估，对控制风险进行重新评估

这是后续审计的实质性部分。风险评估采用的模型及风险排序等都可以与前期审计工作一致。

5. 提交后续审计报告

后续审计报告的目的是使管理层充分了解后续审计中澄清的事实及重新评估的风险程度，明确审计责任，有效地防范审计风险。后续审计报告的内容包括后续审计的审计结果、风险重估结果以及被审计单位的反馈等。

第三节　内部审计方法及应用

本节主要介绍内部审计常用的分析方法。这些方法为判断事实、解决问题提供了决策信息和依据。常用的分析方法主要包括思维方法、调查方法、分析方法、取证方法、沟通方法、侦查方法、判断方法和报告写作方法等。实际操作中内部审计方法有多种，审计人员在进行审计时常使用不同的审计方法，有时也会同时结合几种方法进行审计。

一、审计思维方法

传统的审计思维就是查账，审计人员的工作就是千方百计寻找问题和漏洞，获取各种各样的证据。审计证据的充分性有余、相关性不足。审计就事论事，只注重当前的表面现象，而不关注现象的背后，不关注被审计单位

未来的发展变化。

审计人员的多元思维包括以下内容。

(一)"一分为二"的辩证思维

审计人员对待被审计事项，既要如实揭露存在的问题和违纪违法行为，又要辩证分析存在问题的环境因素和客观条件，不要把问题简单归咎于被审计单位。同时，要充分肯定被审计单位取得的成绩，肯定被审计单位在加强管理中取得的成效，肯定被审计单位对待审计意见的积极态度、整改情况和行动方案。

(二)透过现象看本质的思维

审计人员对待审计事项，在揭露问题的同时，更要注重分析深层次问题，从体制上、机制上查找原因，从健全财务管理制度上寻找对策。认真分析存在问题的制度环境，分析单位治理结构的缺陷和内部控制的缺陷，分析宏观经济政策制定的合理性与执行的有效性，进一步推动各级政府和有关部门完善制度、规范管理、加强整改，从根本上杜绝屡查屡犯的怪圈，从源头上规范社会经济行为，推进制度建设，服务宏观大局。

(三)发散思维

发散思维是指思考活动从一个基点开始发散，力求衍生出众多新设想的思维方式。它能够帮助我们从不同的角度和视角思考问题，产生创新和独特的解决方案。在根据不充分的情况下，审计人员应尽可能地敞开思路，对问题作出一定的试探性估计和设想，为进一步思考问题开辟道路。发散思维不是随便猜测，要以事实和科学知识为依据；发散思维不需要等到有关的事实材料充分积累起来以后再进行；发散思维不要受到传统观念的束缚，更不要被思维定式束缚。例如，发现现金的巨额支出，应该有多种考虑：归还债务、采购物资、支付费用、对外投资、挪用资金等。有效利用发散思维，可以为审计工作提供许多新的思路和有价值的信息。审计工作中职业怀疑就是要充分利用发散思维方式。

(四) 反向思维

反向思维是指当从一个方向思考和解决问题受阻时，可以从相反的方向加以考虑，寻找问题的解决方案或达成目标的路径。反向思维的具体做法有：把事物的作用过程倒过来思考，把事物的重要结果倒过来思考，把事物的某个条件倒过来思考，把某种方式倒过来思考等。例如：在审计过程中，当从一个渠道无法取得审计证据时，可以考虑从其他渠道取证；当审计人员无法取得审计证据时，可以考虑让被审计单位提供直接证据支持已有结论。

(五) 换位思维

换位思维是把对同一事物或现象的观察思考，从自身的视角转换到另外的角度加以观察和思考，尝试从对方的观点、立场出发，以求获得新的认识或设想的思考方法。学会换位思考，首先要避免自我封闭，其次要注意选择新视角，思考角度不同，就可以看到事物的不同方面。"横看成岭侧成峰，远近高低各不同"就是这个道理。审计人员对待审计事项，不要总是站在自己的立场看问题，要从决策和管理角度思考问题，从被审计单位的执行和管理角度思考问题，从广大人民群众的切身利益和需求角度考虑问题。这样一来，我们的审计报告和专项审计调查才有力度、深度和广度。

以上思维都涉及一个打破思维定式的问题。所谓思维定式，是指人们在反复思考一个问题时，会习惯地依据自己已有的知识和经验，按照一种固定的思考程序，重复同样的思路。审计人员的思维定式一般是：寻找证据→揭露问题→得出结论。找不出问题誓不罢休，认为审计报告一定要显示问题和缺陷。这是审计人员常规的思维定式，这种定式一定要打破。

二、审计调查方法

审计现场的大量工作应该是在审计调查上而不在审计取证上。目前审计人员把大量时间花在审计取证上，对于审计调查只是走过场、图形式，这完全是本末倒置。无论是审计前的准备、审计的实施过程还是审计结果的沟通，都需要大量的反复的审计调查。

一般审计项目的调查方法主要有以下几种：

(一)观察法（账外信息法）

观察法是"跳出"会计资料，从"账外"捕捉信息。该方法没有固定格式，处处留心，见机行事，灵活多样。

(二)询问法

开展审计工作要创造相互理解、相互信任的和谐气氛。审计人员要面带微笑，语言甜美。问题的存在大多数是由于管理不当引起的，管理的缺陷有决策层和管理层原因，也有具体实施人员的原因。开展审计项目调查最好的办法是引导被审计人自己分析、自己找缺点。避免主观假设、仓促下结论，充分体会被审计人的意图、目的和困难，客观分析缺陷形成原因，化解双方的对立情绪，在感情上与被审计人产生共鸣。提问应注意技巧，善于倾听、保持专注。

(三)函证法

函证对象的选择主要关注关联方、往来单位、银行、账户余额，同时加强对函证过程的控制。

(四)审计会议法

参加人员包括高层、中层管理人员，纪检、监察人员，被审计当事人和群众代表。加强审计前、审计中、审计后三维立体会议沟通。

(五)问卷调查法

问卷涉及规定"动作"与自选"动作"调查，注重各部门、各环节风险因素调查。

(六)现场走访

询问＋观察＝现场走访。了解业务细节，列出访谈提纲，避免录音，营造相互信任气氛。

三、审计分析方法

(一) 财务分析法

财务分析法是以单位财务报告和其他相关资料为主要依据，对单位财务状况和经营成果进行分析判断，关注异常变动和异常项目，调查产生重大差异的原因，评估差异的合理性。财务分析方法主要有趋势分析法、比率分析法、因素分析法、成本效益分析法和综合指标分析法。

(二) 问题分析法

问题分析法是把抽象的总括性问题，分解成可以验证的具体子问题。子问题应"相互独立，完全穷尽"，可以按照时间顺序、结构顺序、重要性顺序和演绎推理顺序将其排列，然后再归纳组装起来，是一种从抽象到具体的过程。问题分析法的核心是构建问题树，在问题树上，每个问题可以分解成若干子问题，分解成可以用事实进行验证的问题。审计人员根据需要进行证明或证伪，安排审计任务，制订审计实施方案，收集证据分析证据，对各个子问题进行事实检验，根据检验结果得出审计结论，形成审计报告。

(三) 系统分析法

系统分析法就是运用系统的思想、观点和方法，对审计对象进行分析研究，以不重复方式进行独立的调查与评价。系统分析法注重整体性、结构性、层次性和因果关系，把被审计事项放在一个更高层次开展研究，不仅关注被审计事项本身的运行绩效，还要关注影响绩效的外在因素，关注分析总体目标、方针、政策和社会事业；关注分析行政组织结构、预算体制和法律法规；关注分析行政管理系统内部的资源分配、规划制定和监督检查。针对绩效低下原因，提出完善政策、体制、制度和管理方面的审计建议。系统分析法不适于追究当事人责任，因为绩效低下是多个组织运行和制度层面的问题，无法界定责任，也无须承担相应责任。从严格意义上讲，系统分析方法是一种创造性极强的研究活动，需要审计人员开发或提出新的评价标准、评价方案和评价程序。

四、审计取证方法

(一) 书面资料审阅方法

1. 核对法

核对记账凭证与原始凭证 (内容、数量、日期、金额等)、核对凭证与账簿 (日期、会计科目、金额、方向等)、核对明细账与总账 (期初余额、本期发生额、期末余额)、核对账簿与报表、核对报表与报表。

2. 审阅法

审阅会计资料完整、齐全、正确; 审阅经济活动真实、合法、合理。

3. 复算法

小计、合计、乘积、余额, 通过复算发现差错。

4. 比较法

实际与计划比较、本期与前期比较, 通过比较发现差异。

(二) 客观实物证实方法

1. 盘点法

采取恰当的盘存方式, 突击式盘点 (现金和贵重物品) 与预告式盘点 (一般物资); 选择合适的盘点时间, 在营业或工作开始之时与之后; 健全有关手续, 明确有关责任。

2. 调节法

通过调节确认结账日财产实物的实存数。

3. 鉴定法

聘请有信誉、影响力的专家, 对专业事项进行鉴定。

五、审计沟通方法

由于审计人员与其他人员的角色地位不同以及角色的转化形成了人际关系的冲突。冲突的产生来自各自价值观、利益观的不一致, 来自职业道德信念的差异, 来自对同一经济事项的认识分歧, 来自相关信息的不畅通。因此, 审计沟通显得十分重要。

从环节上划分，审计沟通有事前沟通（下发审计通知书、张贴审计告示、座谈会等）、事中沟通（个别谈话、资料交流、意见交流等）和事后沟通（结果沟通、审计报告意见征求、管理建议书、审计决定书、审计通报等）。

从方式上划分，审计沟通有口头沟通（询问、会谈、调查、讨论、会议、征求意见等）和书面沟通（问卷调查、审计通知书、内外审计协调报告、管理建议书、审计报告等）。

审计沟通的主要类型包括语言沟通（书面语言和口头语言）、非语言沟通（肢体行为、眼神与动作）、人员沟通（审计人员与相关人员沟通，主要方式是倾听）和组织沟通（审计部门与上、下、左、右、内、外等部门沟通）。

关于沟通的基本原则要把握好以下两点：一是原则性与灵活性的统一。审计人员在处理人际关系时，一定要坚持基本审计原则，任何时候都不可违背，在坚持原则的基础上还要有灵活性，灵活性是在非原则问题上不要斤斤计较，而是以坦荡的胸怀、豁达的心境，体谅对方、谦让对方。二是注重人际沟通的艺术。在沟通中，要充分了解对方的心理状况，要给对方一定的"台阶"和"面子"；注重沟通频率，适可而止；对领导一律尊重，对群众一视同仁。

对于人际关系的各种冲突，化解的方法有：①暂时回避，寻找适当时机进行协调；②在原则范围内适当妥协；③说服、劝导，争取当事人对审计制度、审计工作的理解和支持；④耐心、认真倾听当事人的心声，运用口头语言、肢体语言、书面语言进行充分沟通，争取相互理解，实现互相协作；⑤向适当的管理层汇报，寻求协调支持。

六、审计侦查方法

审计侦查就是隐蔽审计人自己的真实意图，技术手段与方法，不让被审计人察觉到，充分减少审计过程中的各种障碍，进而尽快查清事实真相。

信息导侦是一种重要的侦查方法，它通过全面收集信息，并对信息进行分析，来推进侦查工作的进行。审计线索的来源靠三报：举报、读报、情报。举报就是要紧紧依靠广大群众，发动群众的积极性提供线索。读报是广义的，网络、电视、报刊等新闻媒体反映出来的都是重要的信息来源。情报就是审计部门要建立自己的信息库资料，包括法律法规、会计制度、市场价格、行业数据、金融政策、财务资料、历史资料、以前的审计报告资料等方面。

审计侦查途径有三种：一是由"事"到"人"的侦查途径，从具体业务的因果关系、舞弊行为的规律、舞弊手段等方面入手；二是由"物"到"人"的侦查途径，从会议纪要发现破绽、从原始发票发现马脚、从实物现状发现疑点、从笔迹印章发现异常等；三是由"人"到"事"的侦查途径，从董事长、总经理、财务总监、财务经理、会计主管、出纳员、保管员、采购员等入手发现线索。

此外，随着审计实践的发展，鉴定与勘验技术也越发重要，发票的真伪、笔迹的真伪、印章的真伪和会计资料的真伪，都需要审计人员开展鉴定工作。

七、审计判断方法

审计是一种高智商的工作，经常要运用取证、判断、推理来核定事实，在一定程度上审计与被审计之间是一种智慧的较量。审计判断是审计人员根据专业知识和经验，通过识别和比较，对审计事项和自身行为所做的估计、断定或选择。审计判断具有目标性、主观性、经验性、风险性和连续性。审计判断要肯定对象具有某种属性，或者否定对象具有某种属性；审计判断要肯定对象与事实符合或与事实不相符合，有真假之别。

审计判断方法主要如下：

(一) 直觉判断法

是审计人员运用已有的知识结构，运用对事物运行规律的把握，对当前需要判断的事项做出分析和推论。直觉判断法是建立在审计人员丰富实践经验基础之上的，如频繁巨额的现金交易行为可能存在的舞弊，内部控制的薄弱也可能导致风险的发生。

(二) 性质判断

是断定对象具有或不具有某种性质的判断，如会计报表的公允性判断、内部控制的有效性判断、经济业务的效益性判断、书面证据的真假性判断等。

(三) 联言判断

是断定几种事物情况同时存在的复合判断，如会计报表公允性与合法性判断；建设项目经济性、效率性与效果性的判断等。审计报告的结论一般都是联言判断。

(四) 相容选言判断

是断定事物若干可能情况中至少有一种情况存在，并且可以同时存在的选言判断。例如，会计账面成本降低现象的原因分析，可以是单位节省开支，或者单位提高效率，或者是相关材料市场价格降低，或者是会计人员漏记成本支出等。

(五) 不相容选言判断

是断定事物若干可能情况中，有且只有一种情况存在的选言判断。所谓"不相容"主要是指选言支断定的事物情况不可能同时并存，或者说选言支不可以同时为真。例如，审计人员对同一事项的询问，会计和出纳的不同回答，不可能同时为真。

八、审计报告写作方法

审计写作方法主要体现在审计报告中，而审计报告的阅读对象大部分是非审计专业人士，所以，审计报告的写作应注意使用通俗易懂的语言，语句和段落要短小，使读者一目了然。审计报告尽量使用主动语态，减少被动语态的应用，同时报告内容应尽量量化，避免出现模糊的审计表述。方便的话使用图表以增强趣味性、可读性和灵活性。

审计工作报告与审计公告是目前向组织单位公开的两种主要形式。审计工作报告是年度审计工作的概括与总结，其主要对象是组织单位的高层管理机构，目的是服务于高层监督，其写作应该体现全面性、整体性和综合性，突出体现审计机构的审计依据，审计机构履行了哪些职责、履行职责的效果如何；审计工作报告应体现被审计对象中所审计事项职责履行情况与审计发现的问题；此外，还应体现上年审计发现问题的整改情况及屡审屡犯的问题。总之，要跳出圈子、抓住点子、体现效益；体现审计的整体性、宏观性和建设性；深化审计成果，提升审计报告思想内涵。审计公告主要披露单个审计项目信息，主要对象是组织单位内部的广大群众，主要目的是服务于群众监督与舆论监督，其写作应具体详细，对审计工作报告具有注释功能。

审计报告不仅要描述被审计事项，说明审计依据和审计标准，更要积极开展审计评价与责任界定。审计报告的写作要注意防范审计机关的风险，对于未经审计验证的数据资料，坚决不予评价，坚持审计什么、评价什么，否则就会增加审计机关风险。审计报告的写作还要注意防范超越审计内容与范围进行评价，避免与其他职能部门报告内容的重复与矛盾，维护审计报告的权威性。

第四节 内部审计管理的探究

内部审计管理的目的是通过评估组织的风险管理内部控制和合规性，有效发挥内部审计部门的组织功能，提高审计工作效率和完善为单位实现增值服务的本质功能。

内部审计如何发挥有效作用，管理工作尤为突出。具体可采取以下措施：

一、正确的审计需求分析

内部审计机构的自主性很大，内部审计如何立项，一直是困扰内部审计人员的重大问题，而审计立项就必须考虑审计需求。审计需求决定审计计划，审计计划影响审计成果的有效运用。通常，需求与供给平衡更多被理解为市场法则，实际上这个法则也适用于审计工作，内部审计工作要有价值、要发挥作用，一方面要满足组织管理需要，另一方面要不断提高审计机构和审计人员的能力、增加审计人力资源数量和审计经费，前者属需求范畴，后者属供给范畴。

(一)审计需求的一般分析

一般说来,审计立项首先要考虑审计需求,而审计需求要考虑以下基本因素:①单位组织年度内经济工作的中心问题;②单位组织重大政策措施落实情况及存在的问题;③经营管理中存在的突出问题和难点问题;④群众普遍关注或反映强烈的热点问题;⑤以往审计发现的比较突出、影响较大的问题;⑥重大经营风险和管理风险。

(二)组织内部不同层次的审计需求分析

单位负责人更多考虑的是宏观方面的问题,如政治、经济、市场、制度等方面,审计人员应尽量采取访谈的形式,充分了解单位负责人所思、所想、所忧与所求,准确把握审计需求并进行具体细化。

被审计单位表面上并不希望审计人员查出自己部门存在的问题,主要原因是害怕因审计发现所带来的处罚、批评或被批评。更深层需求是希望审计人员能在管理方面提出更好的建议,进而防范风险,提高效率。同时希望审计部门能为被审计部门在领导之间、其他部门之间搭起一座沟通的桥梁,对此,审计部门应该有一个清醒认识。审计人员可以通过问卷调查形式充分了解被审计部门的需求。

业务管理部门是实现组织目标的一个重要环节,有时也变成被审计部门。内部审计从本质上理解就是服务于组织的经营与管理活动,因此审计部门必须对经营与管理活动进行独立判断与分析,而对采购部门、生产部门、销售部门、财务部门、人事部门等,审计人员必须明确审计目标,恰当运用分析评估方法,正确评估、分析审计范围,细化分析要素,确立评估标准,考核关键指标。

监管部门最熟悉国家政策变化与行业发展导向,可以为内部审计工作提供一些方向性的需求,关注未来变化,有利于组织的可持续稳定发展。审计部门应该从防范组织未来的风险方面发挥积极作用。

内部审计部门在正确分析各部门、各需求人现实需要的前提下,综合考虑各个因素并制订明确的审计计划,这是保证审计质量,实现审计成果有效运用的重要前提。

二、规范的审计工作"小制度"

制度是通过提供一系列规则来界定人们的选择空间，约束人与人之间的相互关系，减少行为的不确定性。健全完善的内部审计控制制度，有利于保证审计质量。因此，为实现内部审计工作的规范化、制度化，明确审计人员、主审人员、项目负责人、部门负责人的责任，必须制定、完善内部审计的质量控制制度。所谓审计"小制度"，是指审计机构自身的制度，这些制度包括审计工作制度、质量检查考评制度和责任追究制度。

审计工作制度是审计工作过程的规范性要求，要明确各个责任人的具体权利、责任和义务，涉及审计机构的职责权限、审计人员执业规范、审计立项制度、人员委派制度、计划编制规定、主审竞聘制度、主审负责制度、外勤工作管理规定、取证规范流程、工作底稿编制复核制度、审计报告编制复核制度、审计督导制度、重大问题请示报告制度、审计公告制度等。

质量检查考评制度是对正在进行或已经完成的审计业务进行监督、评价，了解审计状况，提高审计质量，是一种事中和事后的监督制度。审计质量的检查可以是单位内部审计部门的自查与互查，也可以是单位内部高层组织专门针对内部审计质量的专项检查，还可以是内部审计协会质量检查委员会的外部督促检查。科学考评内部审计质量，应该建立考评指标体系，包括定性指标和定量指标，并以此作为奖惩的基本依据。

责任追究制度是一种事后补救的质量控制措施，目的在于促使各级内部审计人员明确各自责任，强化责任意识，降低审计风险，提高质量管理的效能和水平。实施责任追究制度，在对违规者进行处罚的同时，也对遵循者实施了保护，是确认和解除审计人员审计责任的一种有效机制。

总之，审计"小制度"，是内部审计机构和审计人员职责的确定，是审计流程的规范，是保证审计工作底稿和审计报告质量的重要措施，同时也是评定审计人员业绩，量化责任的重要依据。

三、和谐的审计工作"大制度"

所谓审计"大制度"，是指审计机构与高层管理者、被审计单位之间建立的沟通协调制度。审计机构应享有调查权、检查权、建议权和处罚权，各部门应无条件接受审计人员监督；应对审计机构实行单独定额预算制度，确保审计活动有足够的经费来源，保证审计活动的有效开展；建立定期审计制度，监督单位各项管理制度的贯彻落实，发现问题及时解决；建立审计建议落实制度，定期检查审计建议的落实情况；建立违规处罚制度，对违规者以重罚。

(一) 审计联络员制度

每个部门或分支机构推举一名员工作为本部门的审计联络员，目的是实时了解单位情况，构建审计部门与被审计单位的信息反馈渠道。审计联络员定期以书面形式汇报工作情况，及时向审计部门反映单位存在的困难、问题与风险，方便领导及时掌握重大情况，使上下信息通畅，充分发挥审计联络员的桥梁纽带作用。

(二)"我要审计"制度

审计工作要积极从"要我审计"转变为"我要审计"，充分调动广大人民群众的积极性和创造性，要求每个部门、每个分支机构，定期开展自我审计，并把自我审计报告递交审计机构，不断完善自身存在的问题。对自己审计发现的问题，自己主动整改，并且把自己整改的情况向审计部门递交后续审计报告，审计部门可不予追究，但以后不能再重复发生。对于存在的问题，如果每个部门自己审计时没有发现，而被审计部门揭露出来，单位将会给予其严厉的惩处。

(三) 审计公告与通报制度

建立审计公告与通报制度，积极争取高级管理层和各个被审计单位的支持，审计结果公告与通报工作必须加强。做到立项必审，审计必纠，结果必告，责任必纠。

(四) 审计成果运用制度

审计报告中关于问题的处理意见，要纳入部门的达标考核制度、绩效考核制度和干部任命制度；审计报告中关于相关政策、制度的建议，要纳入高层决策机制；相关高层管理者必须审阅审计报告、批阅审计报告，督促被审计单位整改纠正；建立完善审计意见的督查督办和整改机制，纪检监察部门、组织人事部门、财务管理部门和资产管理部门要形成协查协审机制，促使审计成果转化为生产力。审计一个项目，完善一项制度，教育一批干部。审计政策建议能得到适当管理层的肯定、采纳和应用，形成制度和政策，以达到防弊、兴利与增值之目的。

(五) 内外协调机制

内部审计机构要建立起与国家审计机关、会计师事务所、国家税务机关、国家监察机关等监督部门的协调沟通机制，在选择外部审计主体、审计成果共享、消除分歧意见等方面发挥作用，及时防范组织的各种外部风险，维护组织合法利益。

以上管理制度的创新，仅依靠审计部门的力量是远远不够的，需要高层管理者和各个部门的共同努力，构建一个和谐的内部审计大环境。

四、积极广泛的审计宣传

内部控制，人人有责，审计工作，人人有份。但是，审计部门不能坐等制度从天而降，需要我们审计人自己向高层管理者和各个部门开展大量的宣传活动，现代新型审计观念的真正落地生根，需要通过积极主动的思想教育推动创新管理制度的建立。思想掌控制度，制度改变一切。如果管理制度不能得到有效建立，审计人员再认真、再辛苦地工作，审计项目都有可能付之东流，枉费心机。

当社会公众对审计有误解时，当审计工作受到抵触时，当审计结论不被接受时，当审计建议不被采纳时，审计工作就需要开展广泛的宣传活动。

(一) 审计宣传

审计宣传是以实现组织的管理目标为根本宗旨，在适当的时间、适当的地点，以适当的服务内容和适当的沟通手段，向高层管理者与被审计部门提供适当的思想、理念、信息与建议，将审计关系的维系和管理融入各项工作之中的过程，从而实现组织的价值增值。

（二）理念宣传

理念宣传就是注重宣传，攻心为上，宣传审计、理解审计、支持审计；由"要我审计"转向"我要审计"。当管理层和被审计单位不理解审计、误解审计、不支持审计工作时，对审计的宣传就显得尤为重要。

（三）制度宣传

制度宣传就是游戏规则的制定，明确领导层、被审计部门与审计组织的权利、责任与义务。审计章程就是审计工作的游戏规则，但是章程的制定必须明确领导层、被审计部门与审计组织三方的权利、责任与义务，不能仅制定审计部门和审计人员的职责权限，如果领导层与被审计部门的权利、责任与义务不明确，再优秀的审计团队也难以开展工作。

（四）工作宣传

工作宣传是指在具体的审计过程中，包括审计的通知、报告、公示等方面，以及审计座谈会、访问、问卷调查等，创造一个人人周知的和谐审计环境。

（五）信息宣传

信息宣传体现在审计信息发布方面，包括审计简报、审计要情、审计工作动态等。审计信息宣传作为审计工作的重要部分、在提升审计效果、扩大审计影响、推动审计发展等方面发挥着重要作用。审计部门要定期或不定期地主动发布审计的计划、审计的法规、审计的案件、领导的批示等，使广大群众随时可以看到审计的影子，听到审计的声音。

（六）结果宣传

结果宣传就是审计结果的运用，体现在对审计意见的领导批示与部门采纳两个方面，通过审计报告的建议，使领导决策更科学更完善，使被审计单位的制度更健全、更有效。

正确审计理念的树立和审计建议的贯彻落实，不能仅靠一方面的努力，需要多方面的配合。审计宣传完全靠我们审计人自己，每一个审计制度的建立就是一部宣言书，每一个审计小组的工作就是一个宣传队，每一个审计项目的完成就是一个播种机，要时时宣传、事事宣传、处处宣传。

第五章　内部审计的应用领域研究

内部审计作为单位内部管理体系的重要一环，具有全面性，专业性、连续性等优势，其应用领域广泛且深远。本章深入探讨内部审计在内部控制、风险管理、经济效益等方面的应用。通过对这些应用领域的深入研究，期望能为单位内部审计工作的实践提供有益的启示和借鉴，推动内部审计在单位管理中的创新与发展。

第一节　内部控制审计及优化路径

内部控制审计是指通过对被审计单位的内部控制制度的审查、分析、测试和评价，确定单位内部控制有效性的过程，包括确认和评价单位内部控制设计、运行缺陷和缺陷等级，分析缺陷的形成原因，提出改进内部控制的建议。内部控制审计是对内部控制的再控制，它是单位改善经营管理、提高经济效益的内在要求。

一、内部控制审计的内容

内部控制审计的内容包括两个方面：审查和评价组织内部控制设计的有效性，审查和评价组织内部控制运行的有效性。所谓内部控制设计有效，是指组织适当地设计了能够预防、纠正或发现重大错弊的控制措施，组织内部控制全面、完整，符合国家有关内部控制的基本要求。所谓内部控制运行有效，是指组织已经设置的内部控制得到了有效运行，能够帮助组织实现其目标。

内部控制由控制环境、风险评估、控制活动、信息与沟通、监督五个要素构成，其审计的具体内容是对构成内部控制的各要素进行测试与评价。内部审计人员在评价内部控制时，按照项目的性质和需要，既可对全部控制要素进行评价，也可以只对部分控制要素进行评价。

(一) 控制环境审计

控制环境审计是审计过程的一个重要环节，它主要包括对治理结构、内部机构设置与权责分配和单位文化、人力资源政策、内部审计机制、反舞弊机制5方面内容的审计。其要点如下：①审计治理结构、内部机构设置与权责分配情况；②审计单位文化建设情况；③审计人力资源政策的制定与执行情况；④审计内部审计机制的设立情况；⑤审计反舞弊机制的设立与执行情况。

控制环境审计的主要资料依据有国家有关法律法规，单位章程，各项管理制度汇编，员工手册，组织结构图，业务流程图，职务说明书，权限指引，统计资料，会议记录工作日志及各种宣传、规划、决策、合同、投诉、诉讼、表彰、惩罚处理资料。

(二) 风险评估审计

内部审计人员应实施适当的审查程序，评价组织风险管理机制的健全性和有效性。风险评估包含了识别和评估实现组织目标过程中面临的各种风险的动态过程。因此该要素是组织确定如何管理风险的基础。风险评估的前提是确定组织内部各个层级的目标。管理层将目标分为经营、报告和遵循等类别，并加以详细描述，以便能够识别和分析与实现这些目标相关的风险。管理层还要考虑这些目标对于组织的适应性。风险评估还要求管理层考虑外部环境的变化造成的影响，这些影响可能会使一些内部控制无效。其主要审计以下要点：

第一，组织是否明确了目标，以便识别和分析与实现这些目标相关的风险。

第二，组织是否识别了与实现其目标相关的各种风险，并对这些风险加以分析，从而为风险管理奠定基础。

第三，组织是否考虑了在评估及实现与目标相关道德风险过程中存在舞弊的可能性。

第四，组织是否识别并评估了可能对内部控制产生重大影响的各种变化。

风险评估审计主要集中在风险识别、风险分析、风险应对三个方面。由于风险评估审计方法有其特殊性，审计人员还应对风险与控制明细表、风险/控制工作清单及组织风险数据库等进行检查。

(三) 控制活动审计

控制活动是组织通过政策和程序所采取的行动的总称。这些政策和程序有助于确保管理层有关降低影响目标、实现风险的指令落到实处。控制活动存在于组织的各个层级、业务活动的各个阶段，以及整个信息环境之中。控制活动审计主要包括应对职责分工、授权、审批批准、预算、财产保护、会计系统、内部报告、经济活动分析、绩效考评、信息技术等控制措施的审计。其审计要点如下：

1. 不相容职务分离控制

要求组织全面系统地分析、梳理业务流程中所涉及的不相容职务，实施相应的分离措施，形成各司其职、各负其责、相互制约的工作机制。主要审计以下方面：①可行性研究与决策审批是否相分离；②业务执行与决策审批是否相分离；③业务执行与审核监督是否相分离；④会计记录与业务执行是否相分离；⑤业务执行与财产保管是否相分离；⑥财产保管与会计记录是否相分离。

2. 授权审批控制

要求组织按照授权审批的相关规定，明确各岗位办理业务和事项的权限范围、审批程序和相应职责。主要审计以下方面：①授权控制是否具有充分的依据，授权者对下级的授权是否在自己的权限范围内、是否建立了针对授权的监督保障机制。②是否存在越权审批、随意审批的情况。③审批和授权是否采取了适当的书面形式。

3. 会计系统控制

会计系统控制是指利用记账、核对、岗位职责落实和职责分离、档案管理、工作交接程序等会计控制方法，确保组织会计信息真实、准确、完整。主要审计以下方面：①组织管理是否依据具体情况选择了适当会计准则和相关制度；②会计政策的选择是否适当，变更会计政策是否有合理的理由；

③会计估计的确定是否合理；④文件和凭证控制措施是否健全，是否对经济业务进行适当记录并且对相关凭证进行连续编号；⑤会计档案的保管是否妥当；⑥是否依法设置了会计机构，配备了合格的会计人员；⑦是否建立了适当的会计岗位制度。

4. 财产保护控制

要求组织建立一套完整的财产日常管理制度和定期清查制度，采取财产记录、实物保管、限制接近、定期盘点、账实核对等措施，以确保财产的安全、完整和有效利用。主要审计以下方面：①是否建立了财产档案，全面及时地反映财产的增减变动；②是否建立了对财产的实物保管制度，严格限制未经授权人员接触资产；③是否建立了定期或者不定期的财产盘点清查制度。

5. 预算控制

要求组织实施全面预算管理制度，明确各责任单位在预算管理中的职责权限，规范预算的编制、审定、下达和执行程序，强化预算约束，提高效益，实现可持续发展。应当审计如下方面：①是否建立和完善预算制度；②预算执行是否严格；③是否建立和执行预算考核制度。

6. 运营分析控制

运营分析控制要求组织建立运营情况分析制度，经理层综合运用生产、购销、投资、筹资、财务等方面的信息，通过对比分析、比率分析、趋势分析、因素分析、综合分析等办法，定期开展运营情况分析，发现存在的问题，及时查明原因并加以改进。应当审计以下方面：①组织采用的运营分析方法是否恰当；②是否根据发现的问题查找原因；③是否在分析问题、查找原因的基础上提出改进的措施。

7. 绩效考评控制

绩效考评控制要求组织建立和实施绩效考评制度，科学设置考核指标体系，对组织内部各责任单位和全体员工的业绩进行定期考核和客观评价，将考评结果作为确定员工薪酬以及职务晋升、评优、降级、调离、辞退等的依据。具体来说，主要审计以下方面：①考核主体与客体是否恰当；②考核评价的目标是否明确；③考核评价指标是否科学合理；④考核评价标准是否适当；⑤考核评价方法是否科学合理；⑥考核结果是否公正。

8. 合同管理控制

合同管理控制是指组织通过梳理合同管理的整个流程，分析关键风险点，并采取有效措施，将合同风险控制在组织可以接受的范围内。主要审计如下方面：①组织是否建立了分级授权的合同管理制度；②是否实行统一归口管理；③各业务部门作为合同的承办部门是否明确了职责分工；④是否建立健全了合同管理考核与责任追究制度，开展合同后评估。

(四) 信息与沟通审计

信息与沟通审计，就是对信息与沟通内部控制有效性的检查和评价。主要是查明组织所建立的信息收集系统和信息沟通渠道，能否确保及影响与内部控制其他要素有关的信息的有效传递，促进决策层、管理层和全体员工正确履行相应的职能。其主要内容包括信息收集审计和信息沟通审计。

内部审计人员应当关注组织的信息与沟通要素是否能够满足以下原则：一是组织获得或生成并利用相关的、高质量的信息来支持内部控制发挥作用；二是组织的内部沟通为支持内部控制所必需的信息，包括内部控制目标和责任；三是组织与外部各方沟通能够影响内部控制发挥作用的事项。主要审计以下方面：

1. 内部信息收集、加工和传递

第一，内部报告系统是否功能安全、内容完整。

第二，向适当文员提供的信息是否充分、具体和及时，使之能够有效履行职责。

第三，是否明确内部信息传递的内容、保密要求及密级分类、传递方式、传递范围以及各管理层级的职责权限等，对不恰当事项和行为是否建立了沟通渠道。

2. 信息系统

第一，信息系统的开发及变更是否与组织战略计划相适应。

第二，管理层是否提供适当的人力和财力以开发必需的信息系统。

第三，是否建立了严格的用户管理制度。

第四，是否建立了系统数据定期备份制度。

第五，是否对信息系统进行了安全策略的保护。

3.财务报告

第一，是否按照国家统一会计准则制度的规定进行会计记录和财务报告的编制。

第二，是否定期进行收入、费用、成本、资产、负债、现金流量等的财务分析，并传达给有关管理层。

(五) 监督审计

内部监督审计主要是查明组织采用内部控制制度进行监督和检查方式、方法的合理性和有效性。主要包括对持续监督、专项监督、缺失报导和追查行动等内容进行审计。持续监督是指组织对建立和实施内部控制的整体情况所进行的持续的、全面的、系统的、动态的监督检查。专项监督是指组织对内部控制建立与实施的某一方面或者某些方面的情况所进行的不定期的、有针对性的监督检查，也叫个别评估。

内部审计人员应当关注组织的监督要素是否能够满足以下原则：一是组织通过选择、设计并执行持续的或者个别的监督，来查明内部控制各组成部分是否健全并发挥作用；二是组织及时与有责任对内部控制采取纠正措施的各方，包括高级管理层和董事会，评估并沟通内部控制的缺陷。其主要审计以下方面：①组织对经营业绩是否进行监督；②组织是否进行定期的内部控制评价；③组织管理层是否会采纳监督人员的建议，及时纠正控制运行中的偏差；④组织是否建立协助管理层进行监督的职能部门 (特别是监事会、审计委员会和内部审计部门等)。

二、内部控制审计的基本程序

与一般审计相类似，内部控制审计的程序主要包括三个阶段：审计计划阶段、审计实施阶段、审计报告阶段。

(一) 审计计划阶段

审计计划阶段的主要任务是确定审计范围、制订审计方案和具体审计计划。

1. 确定审计范围

内部控制审计范围的确定应当遵循风险导向，以自上而下的原则来确定需要进行审计评价的分支机构、重要业务单元、重点业务领域或流程环节。

2. 制订审计方案

根据单位整体控制目标，制订内部控制审计工作方案，明确审计目的、审计标准、审计方法、审计资源配置、审计进度安排和费用预算等内容，报管理层和董事会审批。

3. 制订具体审计计划

对内部控制审计，通常是针对单位层面和具体的业务流程来进行的，在制订具体审计计划时，内部审计师需要考虑控制目标、流程风险和审计步骤，帮助单位优化内部控制体系，提升整体运营效率和效果。

（二）审计实施阶段

内部审计部门应当根据审批通过的审计方案组织实施内部控制审计工作，通过适当的方法收集、确认、分析相关信息，确定与实现整体控制目标相关的风险及细化控制目标，并在此基础上辨识和细化与控制目标相对应的控制活动，然后针对控制活动进行必要的测试，获取充分、相关、可靠的证据对内部控制的有效性进行评价，发现控制缺陷，并做出书面记录。

审计实施阶段的基本程序如下：

1. 了解与描述内部控制

了解的内容涉及前面提到的内部控制五要素。了解的方法包括以下几种：

第一，实施审计前，内部审计人员通过查阅组织系统图，收集、审阅和分析本单位各项有关的规章制度、业务处理程序和人员职责分工、生产经营基本状况等文件资料，以及向有关部门和人员进行调查，了解和掌握本单位内部控制运行情况。

第二，内部审计人员对所属单位的内部控制进行调查时，应当考虑本单位的业务规模、复杂程度、控制类型和控制程序等，恰当地确定调查范围。

第三，内部审计人员对所属单位的内部控制现状进行调查时，应当关注本单位的控制环节、控制执行凭证、控制执行记录形式和控制程序运用的连续性。

对于了解到的有关内部控制设计与运行情况，内部审计人员可以通过文字叙述或流程图等书面形式加以记录、描述。在记录时，应根据现有内部控制描述有关业务的运行流程和控制点，再根据理想模式和专业判断，着重描述应设立的控制点，特别是关键控制点的设立情况。

2. 执行控制测试

执行控制测试的目的是评估一个组织的内部控制设计与运行的有效性和可靠性，控制测试的重点是执行测试，主要是检查内部控制是怎样执行的。进行内部控制执行测试，要特别注意以下要点：①单位是否针对风险设置了合理的细化控制目标；②单位是否针对细化控制目标设置了对应的控制活动；③对业务循环和关键控制点设计的控制是如何具体应用于实际的；④相关控制活动是否得到了持续一致的运行；⑤实施相关控制活动的人员是否具备必需的权限和能力；⑥控制规定是否由具备相应职务的人来执行。

3. 进行综合评价

第一，评价内部控制的适用性、科学性，是否有利于促进本单位经营管理，是否有利于推进管理创新和技术创新，是否有利于提高单位的核心竞争力。

第二，分析各项控制措施存在的缺陷对相应的控制点的影响及控制点方面存在的缺陷对各项业务系统内部控制的影响，揭示可能产生的后果。

第三，对所属单位内部控制的系统性、牵制性、协调性进行整体的分析与评价。

第四，针对所属单位内部控制所存在的缺陷、薄弱环节，建议从哪些方面进行完善和加强。

4. 认定控制缺陷

内部控制缺陷包括设计缺陷和运行缺陷。设计缺陷是指缺少为实现控制目标所必需的控制，或者现有控制设计不适当，即使正常运行也难以实现控制目标。运行缺陷是指设计适当的控制没有按设计意图运行，或者执行人员缺乏必要授权或专业胜任能力，无法有效地实施内部控制。

内部控制存在的缺陷，按严重程度分为重大缺陷、重要缺陷和一般缺陷。重大缺陷是指一个或多个控制缺陷的组合，可能导致单位严重偏离控制目标。重要缺陷其严重程度和经济后果虽低于重大缺陷，但仍有可能导致单位偏离控制目标。一般缺陷是除重大缺陷、重要缺陷之外的其他缺陷。

(三) 审计报告阶段

在审计报告阶段，内部审计部门应当根据审计结果和经核实的证据，确认内部控制缺陷，出具审计结论，编制审计报告，并报送管理层和董事会审阅。

标准内部控制审计报告包括下列要素：

1. 标题

内部控制审计报告的标题应统一规范为"内部控制审计报告"。

2. 收件人

内部控制审计报告的收件人是指内部审计师按照单位规定要求发送内部控制审计报告的接收对象。

3. 引言段

内部控制审计报告的引言段说明单位的名称和内部控制已经通过审计。

4. 单位对内部控制的责任段

单位对内部控制的责任段说明，按照相关规定，建立健全和有效实施内部控制，并评价其有效性是单位董事会的责任。

5. 内部审计师的责任段

内部审计师的责任段说明，在实施审计工作的基础上，对单位内部控制的有效性发表审计意见，并对注意到的内部控制的重大缺陷进行披露是内部审计师的责任。

6. 内部控制固有局限性的说明段

内部控制无论如何有效，都只能为单位实现控制目标提供合理保证。内部控制实现目标的可能性受其固有限制的影响，内部审计师需要在此说明内部控制具有固有局限性，存在不能防止和发现错报的可能性。此外，由于情况的变化可能导致内部控制变得不恰当，或对控制政策和程序遵循的程度降低，因此根据内部控制审计结果推测未来内部控制的有效性具有一定风险。

7. 内部控制审计意见段

内部审计师需要对被审计单位内部控制是否存在重大缺陷提出明确的审计意见。

8. 内部控制重大缺陷描述段

对于审计过程中注意到的内部控制缺陷，如果发现某项或某些控制对单位发展战略、法规遵循、经营的效率效果等控制目标的实现有重大不利影响，确定该项内部控制缺陷为重大缺陷的，应当以书面形式与单位董事会和经理层沟通。同时在内部控制审计报告中增加内部控制重大缺陷描述段，对重大缺陷的性质及其对实现相关控制目标的影响程度进行披露。

9. 对改善内部控制的建议

10. 被审计单位的反馈意见

11. 内部审计部门负责人及内部审计师的签名和签章

12. 报告日期

内部审计人员应根据报告中反映的问题进行追踪审计，并撰写落实情况，对所属单位的整改措施进行评估。

三、内部控制审计的优化路径

(一) 审计计划阶段的优化路径

1. 定性定量结合确定审计范围

审计准则虽然没有明确规定要求事务所在开展内部控制审计工作时必须将被审计单位的所有子单位纳入审计范围，但是在实施审计工作时出于谨慎考虑，应当在审计资源及时间充足的条件下，尽可能地将所有子单位纳入审计范围。在计划审计工作时不应该只作出定量考虑，还应当结合定性分析，了解被审计单位的行业特殊性、单位的经营风险、单位的特殊业务以及单位选择的会计政策等，全面评估单位可能出现重大错报的领域，准确划定审计范围。在计划审计工作时，审计人员要认识到定性考核和定量考核从来都不是互相独立的，应当相互结合，以定量考核为主，定性考核为辅，进行全面的评估，只有这样才能避免审计人员因为审计范围选择不当而无法发现被审计单位内部控制的缺陷，并据此出具不适当审计意见的审计风险。

2. 合理安排审计人员

内部控制审计不同于财务审计，内部控制审计不仅涉及的领域更广，而且对审计人员职业素质和专业能力的要求也更高。因此，这要求参加内部控制审计的审计人员要具备更高的职业素质，除了要掌握传统财务审计知识，还应当了解单位治理、单位运作流程等方面的知识。事务所应当改变固有思维，正确认识内部控制审计的重要性以及复杂性。例如，在组建项目组时应当重点安排具有内部控制审计经验的审计人员，在正式开展内部控制审计之前，安排内部控制审计经验丰富的老员工对项目组进行培训指导，将实际审计案例作为培训资料，对审计全过程进行梳理。

（二）审计实施阶段的优化路径

1. 规范审计程序执行过程

根据自上而下的审计工作思路，审计人员在开展审计工作时应当重点关注单位层面内部控制的有效性，在对单位层面内部控制进行审计时，应当将所有与控制环境、风险评估、信息与沟通以及监督直接相关的控制因素都纳入测试范围，然后针对不同的风险点有重点地实施审计，切忌平均施力。在实施审计程序时，不应单独采用一种审计方法，而应该应用多种审计方法进行审计，多种审计方法综合运用，以获取充分适当的审计证据。首先，审计人员在执行穿行测试之前，应该利用自身的职业判断来确定对哪一时段的哪一笔业务执行穿行测试，并且在执行穿行测试的过程中不能受到被审计单位的影响而随意更换提前选定的业务，防止被审计单位管理层做出违规行为，向审计人员提供提前准备好的虚假业务资料。其次，执行审计程序时要按照业务发生的先后顺序，对业务发生的全过程进行测试，获取业务运行生成的全部支持性文件，切忌随意改变测试顺序。最后，针对"内控制度缺陷导致的重大错报"，考虑增加重新执行程序。

2. 合理结合单位内部审计工作

审计人员应当在开展审计工作之前充分了解单位的内部控制自我评价的情况，提前与被审计单位的审计委员会进行沟通，获取其内部控制评价报告、工作底稿、相关的原始资料、自评阶段发现的内部控制缺陷汇总表和单位后续整改情况汇总表等，然后应当评价内部审计部门的独立性以及工作质量，确定是否利用其内部审计工作结果。但是签字注册会计师要明确，利用他人工作虽然能够提升审计效率，但是并不能减轻自身对审计报告的责任，所以在结合他人工作时要对其工作质量和独立性进行评估，以确保最终出具的审计报告的客观性和真实性。

（三）审计报告阶段的优化路径

1. 规范编制审计底稿

审计事务所在整理和编制审计底稿时出现的各种不规范现象，究其原因，一方面是负责整理底稿的审计助理对审计过程一知半解，未完全了解各工作底稿间的逻辑关系，对审计全过程缺少系统的认识，填列时只能照搬模板；另一方面是审计事务所对审计底稿整理工作的重视度不高，未能及时对所执行的工作进行记录，导致部分信息记录不全面。为解决上述问题，审计事务所一方面要定期对审计人员开展内部控制审计业务培训，使审计人员能够对内部控制审计的全过程有系统的了解；另一方面在安排审计工作时，对每一环节均要安排至少一名具有内控审计经验的审计员对审计工作进行督导，并对工作底稿的整理和填列进行检查，承担检查责任，以确保审计工作底稿能够得到及时并且正确的填列。此外，审计事务所应当结合自身的内部控制审计经验，对不同的行业建立有针对性的审计底稿规范，而不是将一个模板用于全行业，并且设计的底稿内容要尽可能详细，以便最大限度地呈现审计人员所实施的审计工作的全过程，使复核人员能够一目了然。

2. 落实三级复核制度

审计事务所三级复核制度流于形式最主要的原因是接近年底，审计事务所审计任务重、项目配备人员不够，加之审计时间安排过于紧张，所以审计事务所在执行审计复核时出现了代签、互签等现象，极大地影响了审计报告的真实性和准确性。为真正落实三级复核制度，首先审计事务所应当对每一级复核形成书面记录，对复核工作开展情况以及复核结果予以记录，并且签字留存；其次，如果在后期审查中发现代签、互签现象，对代签双方均追究责任；最后，将复核工作执行情况与员工绩效考核挂钩，不定期由审计事务所组织人员对项目复核情况进行检查，一旦发现复核不到位的情况，立即处理相关责任人，对其进行通报批评并扣发当年奖金。

第二节　风险管理审计及其内容

风险管理审计是指单位内部审计部门采用一种系统化、规范化的方法来进行以测试风险管理信息系统、各业务循环以及相关部门的风险识别、分析、评价、管理及处理等为基础的一系列审核活动，对机构的风险管理、控制及监督过程进行评价，进而提高过程效率，帮助机构实现目标。

一、风险管理审计概述

现代单位面临的高风险经营环境引起单位对内部审计需求的变化是风险管理审计产生的内部背景，而审计外部化趋势侵蚀内部审计生存的职业空间是风险管理审计产生的外部背景。一般单位都存在很多风险点，为实现单位的最大效益和更好发展，需要对风险点进行专门审计，这便产生了风险管理审计。

(一) 风险管理审计的目标

风险管理审计的目标是确定单位战略目标、风险管理策略及相应的经营风险 (固有风险)，并评价单位是如何有效地实施风险管理，从而实现单位目标。

1. 总目标

审计部门和审计人员按照组织风险管理方针和策略的部署，以风险管理目标为标准，审核被审计部门在风险识别、评价和管理等方面的合理性和有效性，在损失可能发生之前做出最有效的安排，或使损失降到最低，帮助组织实现预期目标。

2. 具体目标

其具体目标包括一般审计目标和项目审计目标。一般审计目标是所有项目必须达到的目标；项目审计目标是某一特定项目所要达到的目标。

(二) 风险管理审计的动因

风险管理审计动因可概括为以下 4 点：

第一，单位面临的风险日益增大，减少单位面临的风险是组织实现目标的关键。

第二，内部审计对发展的渴求，使内部审计师把风险管理作为内部审计的重要领域。

第三，内部审计能够在风险管理中发挥独特的作用，包括管理风险、控制指导风险管理策略、加强管理当局对内部审计部门意见的重视程度。

第四，外部审计扩展了风险评估这项新的保证服务业务，这不能不对内部审计界产生影响。

二、风险管理审计的程序

审计人员在进行风险管理审计的过程中应遵循一定的工作程序。可行、合理的审计程序不仅有利于提高风险管理审计工作的工作效率和质量，而且还有利于风险管理审计工作的规范化。风险管理审计程序具体如下：

(一) 检查已经设定的目标

风险管理审计的开始和结束都是帮助组织实现目标。组织的目标包括高层次的单位目标以及从整体战略计划中衍生出来的低层次运营目标等。风险包括所有影响业务目标的不确定性因素，其形式有真实的威胁、观察到的威胁和错过的机会等。建立风险管理系统的第一步通常是重新检查已经设定的目标并保证这个目标定义清晰，以及所有人都能正确理解该目标。

(二) 制订风险管理审计计划

审计的目的之一是向管理层提供信息，以降低组织在实现目标过程中可能发生的风险。作为风险管理审计的负责人应当根据年度审计计划的要求进行审前调查，在对可能影响组织目标实现的风险评估的基础上，编制科学、合理的项目审计计划和审计方案。

1. 项目审计计划

项目审计计划是对具体风险业务、项目或因素实施审计的全过程所做的综合计划和安排，主要包括审计的目标、范围、重要审计领域、审计组成员、预计审计时间、聘用的外部专家等。

2. 审计方案

审计方案是对具体审计业务、因素的审计程序及其时间等所做的详细安排，主要包括具体审计的目标、审计程序和方法、预定的执行人员和执行时间、拟获取的审计证据等。

（三）风险因素识别、分析与评价

审计人员可通过访谈、发放调查表、召开座谈会等多种形式收集相关信息，按照重要性、可能性以及容忍度等标准，使用专家评分法、风险评估模型、风险指数法等方法确定哪些是主要风险、次要风险、低级风险等，从而为保证核心风险能够得到有效管理奠定坚实的基础。

识别风险要素后，需要对流程进行分析。这一步骤所涉及的工作主要有以下几项：①通过流程图等形式对单位流程及流程管理形成清晰的认识；②识别和记录将风险控制在预期水平的关键控制点；③评估这些关键控制点是否能够有效地将风险控制在预期水平；④如果执行关键控制点不足以将风险控制在预期水平，则需要进一步识别差距，并确定缩小这种差距的措施；⑤对存在较大认识偏差的风险进行了解，或者由单位组织讨论，并将不同的风险认知水平揭示出来，引导责任人进行再次理解、判断和评估，直到不存在较大偏差。

内部审计人员为了证实流程的实际运行能够确保预期目标的实现，证实没有相应的流程或流程运行不畅时潜在的影响有多大，需要进行审计测试。此时，内部审计人员的主要工作是：①实施符合性测试，验证流程是否如设计的那样在有效运行；②当流程的一部分设计不完善或未能如设计那样顺畅运行时，执行实质性测试，以推算或预测潜在的影响；③根据测试结果评估流程的有效性；④对设计不完善的流程或运行不畅的流程，应进一步分析其原因，并找出多个解决问题的方案。

（四）评估风险管理能力

风险管理的综合能力体现在战略与政策、流程、人力资源、技术、信息、管理报告等多个方面，这些能力的水平可以划分为若干级别，如初始阶段、可重复阶段、确定阶段、管理阶段、优化阶段。本步骤的具体工作如下：

第一，内容审计人员基于流程分析和审计测试的结果描述每一项能力的具体特征，并对照五个阶段的界定来确定单位风险管理水平当前所处的阶段；

第二，综合考虑管理层对风险的容忍度与单位治理的相关要求，确定每种能力的预期；

第三，针对各项风险管理能力当前所处阶段与期望阶段之间的差距，考虑提出一些改进的技术方法和政策措施。

（五）审计实验

风险评估的结果可能会产生风险图和风险记录，这些文件记录了每一项风险以及相应步骤、程序、产品、方案、项目或者部门的风险。风险记录的结果是对控制措施的书面化，而管理人员会将这些风险在每年的内部控制报告中进行说明。与其说审查流程是对以往的风险评估进行简单更新，不如说审查流程与培养正确的单位文化有着更为紧密的关联。

（六）出具风险管理审计报告

审计工作的最终结果表现为审计报告，报告阶段在整个审计过程中有着重要的作用。风险管理审计报告应当主要反映整个审计的要点，既要肯定单位在风险管理中先进、有效的管理方式，又要针对风险管理中的漏洞和不足之处进行分析，并提出改进的建议。

内部审计师递交的风险管理审计报告的基本要素包括标题、收件人、正文、附件、签章、报告日期。其中，风险管理审计报告的正文是实施风险管理审计结果的综合反映，也是风险管理审计报告的核心内容。其内容主要包括以下方面：

1. 审计概况

审计概况主要描述风险管理审计的依据、审计目的和范围、审计重点和审计标准、主要实施程序等内容。

2. 审计单位风险管理基本情况

主要反映审计期内被审计单位的情况、存在的问题以及成因。其中，需要反映的被审计单位的情况如下：

（1）风险管理基本流程运转情况

即是否收集风险管理初始信息，是否组织进行风险评估，是否制定相应的风险管理策略，是否提出和实施风险管理解决方案等。

（2）风险管理监督与改进情况

即是否能以重大风险、重大事件和重大决策、重要管理及业务流程为重点对风险管理的基本运转情况进行监督；是否采用压力测试、返回测试、穿行测试以及风险控制自我评估等方法对风险管理的有效性进行检验；是否根据风险变化情况和存在的缺陷及时进行整改等。

（3）风险管理组织体系建设情况

即是否建立健全了规范的单位法人治理结构，形成高效运转、有效制衡的监督约束机制；董事会是否履行了在风险管理方面的职责，风险管理委员会的召集人是否符合规定要求，下设的风险管理委员会是否履行了相应的职责任务；各个层级的管理人员是否指导、制定、实施风险管理工作要求。

（4）风险管理信息系统建设情况

即是否建立了涵盖风险管理基本流程和内部控制系统各个环节的风险管理信息系统；输入系统的信息是否准确、及时、可靠、完整；是否设置了对数据信息更改的控制与管理措施。

（5）风险管理文化建立情况

3.审计评价

主要反映通过审计得出的对审计期内被审计单位在风险管理方面的结论性评价。审计评价是审计报告的一个重要组成部分，审计评价水平的高低，能够体现审计工作的质量，从而更好地发现被审计单位存在的问题。

4.审计建议

主要描述对已查明的审计事实和审计评价结果，提出改进和完善内部风险管理的建议，以便被审计单位及时纠正，防止类似问题的再次发生。风险管理审计的建议应主要包括风险回避、降低、分担、承受。

风险管理审计报告由内部审计人员撰写结束后，与被审计单位进行交流沟通，征求意见，提交本单位董事会或管理层审核和应用。

（七）进行风险管理后续审计

后续审计是指在风险管理审计项目完成后，审计人员对其所提出的改进措施的落实情况进行审计。这是审计工作结束后的一个重要步骤，其实质就是对被审计单位执行审计决定的一种继续监督。通过后续审计，既可以监督审计决定的执行情况又可以帮助被审计单位解决一些无法解决的问题，帮助他们落实有关措施。后续审计是内部审计重要的审计环节，因为风险是时刻变化的，如不及时落实有关措施，风险可能会加大。进行后续审计可以提高内部审计工作的质量和审计监督的权威性，保证决定的正确执行以及单位面临的风险得到有效的控制。

后续审计的程序包括以下方面：

1. 确定后续审计项目

后续审计项目应根据审计项目所涉及风险的大小以及实施改进措施的难易程度来确定。原审计项目所涉及的风险越大，实施改进措施越困难的，就越需要后续审计。

2. 确定后续审计的人员

可以选择内部审计人员，以查明被审计者是否采取了适当的措施、是否取得了理想的效果，也可以由高级管理层直接实施后续审计，监督被审计单位的后续工作。

3. 开展具体的后续审计工作

内部审计部门根据被审计单位对改进建议的书面回复内容，与其探讨存在的问题和误解，如果有重大的审计发现，则需进行现场审计，对已改善了的控制环境的风险进行重新评估，判断其是否在合理范围内。

4. 出具后续审计报告

内部审计人员实施后续审计后，应向被审计单位出具后续审计报告，与被审计单位管理者共同探讨上次审计决定或建议未得以落实的原因。

三、风险管理审查和评价的主要内容

风险管理主要包括风险识别、风险评估和风险应对三个阶段，内部审计师对风险管理的审查和评价应主要包括以下 4 个方面：

(一) 审查与评价风险管理机构

风险管理机制是单位进行风险管理的基础, 良好的风险管理机制是单位风险管理有效的前提。因此, 内部审计人员需要审查以下方面, 以确定单位风险管理机制的健全性及有效性。

1. 审查风险管理组织机构的健全性

单位应该在全员参与和专业管理相结合的基础上, 根据自身生产经营的性质、规模大小、管理水平、风险程度等特点, 建立一个含有风险管理负责人、专业管理人员、非专业风险管理人员以及外部风险管理人的风险管理体系。同时, 这个风险管理体系需要根据风险产生的原因和阶段进行动态调整。

2. 审查风险管理程序的合理性

单位风险管理机构应当采用合理的风险管理程序, 以确保风险管理的有效性。

3. 审查风险预警系统的存在及有效性

风险管理的首要工作是建立风险预警系统, 即通过对风险进行科学的预测分析, 预计可能发生的风险, 并提醒单位相关部门采取措施, 以达到规避风险的目的。

(二) 审查与评价风险识别的适当性及有效性

风险识别是指对单位面临的以及潜在的风险加以判断、归类和鉴定风险性质的过程。内部审计师可以采取各种必要的审计程序审查风险识别过程, 重点关注组织面临的内、外部风险是否得到充分、适当的确认。

内部审计师在对风险识别的适当性和有效性进行审查和评价时, 应该注意以下内容:

1. 风险识别原则的合理性

单位进行风险管理审计、风险评估的前提是对风险的识别和分析, 正确地识别风险是审计成功的关键一步。

2. 风险识别方法的适当性

内部审计师在实施调研后, 需要运用多种风险识别方法归类并总结单位面临的各种风险。风险识别方法需要解决的问题包括分析风险要素、风险性质以及这些风险可能导致的后果。内部审计人员在分析风险识别方法的适当性时可以采取各种方法，如可行性分析、决策分析、投入产出分析、流程图分析、专家调查法等。

3. 风险识别的充分性

审计人员在充分了解单位总体目标及主要业务的基础上，可以从战略风险、营运风险、财务风险、信息风险 4 个层面充分评估已经识别的风险，审查单位面临的主要风险是否均被识别出来，并找出未识别的主要风险。

（三）审查与评价风险评估方法的适当性及有效性

风险评估的方法包括定性风险评估和定量风险评估两种。其中，定性方法是指运用定性术语评估并描述风险发生的可能性及影响程度；定量方法是指运用数量的方法评估并描述风险发生的可能性及影响程度。定量方法主要包括专家打分法、层次分析法、计分法、风险价值法等。风险发生的可能性是指影响组织目标实现的不确定性事件成为现实的可能性，而风险的影响程度是指该不确定性事件发生时对组织目标带来的影响程度。

一般情况下，定量方法能比定性方法提供更为客观的评估结果。在对两种风险评估方法有了初步的了解后，审计人员对风险评估方法的适当性和有效性进行评价时，还应该坚持如下原则：一是定性方法的使用需要充分考虑相关部门及人员的意见。与定量方法相比，定性方法更注重多方面的信息收集与综合判断。因此，内部审计人员在采用定性方法时，应广泛收集与风险相关的各类资料，并在充分听取和考虑相关部门及人员的意见后，形成全面且综合的评估意见；二是在风险难以量化、定量评价所需数据难以获取时，一般应采用定性方法。在不具备运用定量方法的前提条件时，如没有定量分析所需的数据，如果仍然要进行定量分析，那么就会导致评估结果的无意义和失效。

审计人员在充分了解风险评估方法和原则的前提下，对管理层所采取的风险评估方法的适当性和有效性进行审查与评估，并应重点考虑以下要素：

1. 已识别风险的特征

内部审计师应当考虑使用已识别风险的特征来判断风险评估方法的适当性。如果已识别的风险可以用定量的方法表示，则可以用定量的方法表示评估风险的影响程度，此时，内部审计师需要判断的是描述风险时间影响的金额是否恰当。

2. 相关历史数据的充分性和可靠性

与某些风险相关的历史数据容易获得并且比较可靠，可以在此基础上进行定量分析，但如果某些风险的发生具有偶发性，不具有相关历史数据，则很难进行定量分析，如火灾、地震等意外事故带来的风险。

3. 管理层进行风险评估的技术能力

定量分析的方法需要可靠的历史数据，还需要一定的数学模型和现代信息技术，并非任何人员都能掌握，如果管理层没有该方面的技术能力，则定量方法评估结果的适当性值得怀疑。而定性方法不仅依靠管理人员的主观判断，还需要依赖所获得的各种信息和资料，评估人员需要具备丰富的经验。

4. 成本效益的考核与衡量

定性方法的运用较为简便，成本较低，但其结果较为主观，效果有时不太好，而定量方法虽然较为客观和准确，但是因为定量方法的运用比较复杂，有时需要信息技术的辅助，所以成本与定性方法相比会较高。管理层在运用定性与定量方法时需要考虑评估方法的成本——效益性。设计人员需要对管理层选用方法的成本效益性予以考量。

(四) 审查和评价风险应对措施的适当性及有效性

1. 风险应对措施

风险应对措施是指针对经过识别和衡量而确定的关键风险，从一系列风险管理工具中挑选出能够最大限度地降低风险损失或取得风险报酬的集合。根据风险评估结果做出的风险应对措施主要包括以下几个方面：

(1) 回避

使其不发生或不再发展，从而避免可能产生的潜在损失退出会产生风险的活动。如果风险评估的结果表明风险发生的可能性较大，后果较严重，组织往往会采取回避的风险措施。它特别适用于重大的项目决策。风险回避可能包括退出一条产品线、拒绝向一个新的地区市场拓展等。

（2）降低

采取措施降低可能发生的风险或降低风险对目标影响的可能性，或者同时降低两者。"降低"策略是组织采取适当措施降低风险的举措，是最普遍与最为常用的风险应对措施。"降低"策略的具体运用有多种方法，但其中最主要的是通过内部控制来控制风险。风险降低并非完全消除风险，而是将风险控制在可承受范围的基础上，尽量将风险降到最低。

（3）分担

通过转嫁风险或与他人分担风险来降低可能发生的风险或降低风险对目标影响的可能性。常见的技术包括购买保险产品、从事避险交易或外包业务活动。

（4）承受

不采取任何措施而接受可能发生的风险或风险对目标影响的可能性。事实上，组织更愿意承受现有的风险水平，而不是消耗昂贵的资源以实施某种风险应对措施。

2. 评价风险应对措施的适当性和有效性应考虑的因素

审计人员评估风险应对措施的有效性，就是对有关部门针对风险所采取的应对措施进行检查。检查其效果和效率是否有助于单位目标的顺利实现。审计人员可以通过将现有风险应对措施与最佳实务对比、将现有风险应对措施的实施情况与预计期望对比，用分析对比得出的差距来系统评估特定风险应对措施的有效性。对于风险缺乏有效控制措施的情况，审计人员还应进一步分析差距产生的原因，从而提出改进措施和建议，以强化单位的风险管理，降低风险损失。内部审计人员在评价风险应对措施的适当性和有效性时，应当考虑以下因素：

（1）采取风险应对措施之后的剩余风险水平是否在组织可以接受的范围之内

剩余风险水平是指采取风险管理措施管理风险之后现有的风险程度，剩余风险水平对应的是未采取任何措施时风险的原始水平。风险应对措施的有效性首先表现在采取了改进措施后能够将风险控制在组织可以接受的程度。内部审计师需要对剩余风险水平进行评估，以确定评估结果是否在组织可接受的范围之内。

（2）采取的风险应对措施是否适合本组织的经营、管理特点

除了风险应对措施的有效性，还需要强调风险应对措施的适当性。换句话说，组织采取的风险应对措施应该符合组织的经营、管理特点。如针对由于员工胜任能力有限带来的工作效率效果损失风险，单位可以采取在岗培训的方式提高员工的综合素质和能力。

（3）成本效益的考核与衡量

评估风险应对措施的适当性应当衡量其成本效益性。组织应该选择最适合自己的风险应对措施，如果某种风险应对措施的效果达到最佳，但其成本非常高，这种措施未必适合。

第三节　经济效益审计及评价标准

一、经济效益审计概述

经济效益审计，是以审查评价实现经济效益的程度和途径为内容，以促进经济效益提高为目的而实施的审计。经济效益审计的主要对象是生产经营活动和财政经济活动能取得的经济效果或效率，它通过对单位生产经营成果、基本建设效果和资金使用效果的审查，来评价经济效益的高低，经营情况的好坏，并进一步发掘提高经济效益的潜力和途径。

经济效益审计是现代审计的重要标志和组成部分，它在审计目的、内容、职能和方法等方面都突破了传统的财政财务收支审计。

（一）经济效益审计的分类

1. 按审计范围进行分类

经济效益审计按审计范围大小可以分为全面审计、局部审计和项目审计三类。三者不仅审计范围不同，而且适用的对象、解决的问题也不同，自然也有各自的长处和短处。学习时应注重于它们在实际业务中的应用。

（1）全面经济效益审计

全面经济效益审计是指以审计对象经济效益的实现全过程和全部影响因素为审计范围的经济效益审计。这种审计适用于长期亏损、面临破产的单位，以及以扭亏为盈为目的的经济效益审计。它的特点是：①审计范围广，内容全面，有利于从整体上提高被审计单位的经济效益；②审计资源消耗大，需要投入大量的审计人员、较长的时间和数额较高的审计经费，因而采用这种审计时不仅要看效果，还要看成本，考虑成本效益原则；③对审计主体的要求比较高，不仅应具备大范围审计所必需的规划、组织能力以及优化审计资源配置以最大限度实现审计目的的能力，而且审计组应具备与经济效益全部影响因素相适应的全面、合理的能力结构；④审计效果滞后，就一个生产周期或会计期间而言，一般不会当期审计，当期经济效益提高，但对以后各期的影响效果是深远的。

（2）局部经济效益审计

局部经济效益审计是指以审计对象的部分经济活动或经济效益的部分影响因素为审计范围的经济效益审计。例如，对某产品单位成本效益的审查分析，对流动资金周转和利用效益的审查，等等。局部经济效益审计一般适用于日常发生的、周而复始的生产经营活动和业务活动，用于解决整个过程中的某些环节的经济效益或风险问题，是当前我国内部审计开展经济效益审计采用最多的方式。它的特点是：①范围较小，内容不多，通过解决某个环节上的问题来推动审计对象整体经济效益的提高，因而在选择建立审计项目时应采用科学的方法，比如进行风险排序，或选择对经济效益有全局影响的关键产品、关键环节建立审计项目；②消耗审计资源较少，对审计主体要求相对不高，能起到立竿见影的效果。

（3）项目经济效益审计

项目经济效益审计是指以某一特定项目即一次性的经济活动为审计对象的经济效益审计，如固定资产投资项目的经济效益审计、新产品开发项目的经济效益审计、贷款项目或向外投资项目的经济效益审计等。在审计资源消耗、对审计主体的要求、产生效果的速度等方面，它与局部经济效益审计具有相似的特点，因而也是当前我国经济效益审计中最常采用的一种方式。

2. 按实施审计的时间分类

经济效益审计按实施审计的时间可以分为事前、事中和事后经济效益审计。

(1) 事前经济效益审计

是指在经济活动发生前实施的审计，包括计划、预算、固定资产投资和更新改造项目可行性研究、成本预测等内容。通过事前审计可以防患于未然，对于未来的经营风险和投资风险，能在事前及时预测、防范或剔除，避免因预测不准、计划不周而造成经济损失。

(2) 事中经济效益审计

是指在经济活动进行的过程中实施的审计。审计时将经济活动的实施情况与实施前制订的计划、预算和标准等进行比较和分析，从中找出差异和存在的问题，及时采取有效的措施加以纠正，或根据实际情况的变化，调整和修改计划、预算，使之更加符合客观实际。事中经济效益审计是一种动态的审计，主要适用于工期较长的基本建设项目、技术先进复杂的工程项目或生产经营周期较长的单位。

(3) 事后经济效益审计

是指在经济活动完成后实施的审计。通过对已完成经济活动的事实或载体的审查，对其成果水平的优劣和经济活动本身的合理、经济、有效性进行分析和评价，挖掘经济效益变化的原因及影响因素，提出进一步提高经济效益的有效建议。事后经济效益审计是一种总结性审计，其内容涉及审计对象经济活动的各个方面和各个环节，广泛适用于各种单位。这种审计对象的载体大多是账、证、报表等会计资料，我国现行审计主体不乏确认其是否真实、合法的审计手段，为开展事后经济效益审计提供了必要的前提。因此，事后经济效益审计是当前我国开展经济效益审计的主要形式。

3. 按审计组织方式分类

经济效益审计按组织方式可分为定期审计和不定期审计。

(1) 定期审计

是指每隔一定时间，按照计划规定对被审计对象进行的经济效益审计，如特派员办事处等国家审计机关对占用国有资产多的大中型单位、公共机构所进行的定期审计。这类审计一般有严格的法律法规规定和授权，以监督、防范职能为主，其目的主要是检查国有资产的运营效益以及对国计民生的保障程度。

（2）不定期审计

是指根据被审计单位或事项的具体需要和审计主体资源配置的情况，在计划内或计划外实施的经济效益审计。例如，单位和部门内部审计组织接受管理当局授权进行审计，社会审计组织接受委托开展经济效益审计，单位经营者或单位领导干部离任时进行任期经济效益审计，等等。这种审计是当前我国开展较多的一种经济效益审计方式。

（二）经济效益审计的基本特征

1. 独立性与客观性

经济效益审计与其他类别的审计一样，是由独立的审计机构和人员实施的。审计人员在审计过程中应保持实质上的独立性客观性和保密性，不应卷入或承担被审计单位、部门或经济活动的经营管理责任；能够在没有不适当压力的情况下独立编制审计程序；根据需要可以独立地取得和评价审计证据，并坚持客观、公正的原则；审计报告中应写进自己认为必要的所有事项以确保报告的完整性和准确性，并充分阐述自己的观点。

经济效益审计的实质在于审计人员客观地收集与被审计经济活动有关的证据，并对审计证据进行系统而客观的评价。如果在审计过程中不能坚持客观性的原则，将会产生与事实不相符合的审计结论和不可行的审计建议，很有可能带来极大的审计风险。客观性主要决定于审计证据的证明力，审计人员不仅要识别个别证据的证明力，还要注意综合证明力的强弱。

2. 建设性

经济效益审计的目的在于提高未来的经济效益，而无补于过去，所以它具有建设性而不是防范性。它的建设性表现在：①以促进提高被审计单位的经济效益、降低风险为目的；②以评价、服务为其主要职能，监督、鉴证为次要职能；③其审计报告以指出被审单位问题和潜力所在、提出改善和提高的途径与措施为主要内容。

3. 以真实、合法为基础

评价审计对象财政、财务收支及经济活动的效益性、合理性、可行性有两个前提：

一是反映这些财政、财务收支及经济活动的会计资料、情况报告等记录载体必须是真实的，如果这种真实性得不到保证，效益性、合理性、可行性的评价结论将与审计对象的实际情况不相符合，从而产生严重的审计风险。例如，将实际上不可行的投资方案判断为可行方案，将被审计人任期内的不良业绩评价为优良业绩等，其后果或使单位遭受重大损失，或使干部监督、管理工作产生严重失误。

二是被评价的财政、财务收支及经济活动本身应当合法，如果合法性得不到保证，那么效益性、合理性、可行性的评价是没有意义的。因此，在进行经济效益审计以前，应先对有关的财政、财务收支和经济活动进行合法性与真实性审计。

4. 内容范围的广泛性和限定性

从上述经济效益审计的分类来看，我们已经看到它的内容范围之广泛，既包括宏观经济活动，又包括微观经济活动；既包括国家和政府的经济行为，又包括单位和其他组织的经济行为。但在我国的实际审计环境中，真正能够作为审计范围的，又受到两种因素的限定：一是国家法律法规的授权；二是能够确认其真实性、合法性的审计手段。即凡能够通过现有的审计手段、技术、方法确认其合法与否，确认其所反映的记录载体真实与否的财政、财务收支及经济活动，才能够列入经济效益审计的范围。

5. 风险性

审计风险，简单地说就是审计结论与被审计单位实际情况不相符合的可能性。经济效益审计的风险大于其他的审计类别，其原因有两方面：一是事前、事中和事后审计的并存，有些审计结论和建议只能根据趋势证据、环境证据间接做出，有一定的科学理论依据，但并不反映已发生的实际情况，客观证明力较弱；二是经济效益审计的风险往往表现为审计建议执行结果与预期不符，从而导致决策失误，或遭受严重的实质性损失。

二、经济效益审计的程序

在实际的审计业务活动中，任何审计活动都是通过实施一定的项目来进行的，这是审计活动不同于其他经济活动的特点之一。经济效益审计也具有这样的特点。按一定的项目开展经济效益审计，这就意味着按一定的方式建立审计项目，按法定的审计程序实施审计工作，并按一定的目的写出项目审计报告。因此，审计程序是一个与审计项目相配套的概念，即从建立审计项目开始，直到全面完成项目审计为止的全过程所经历的工作内容和顺序。

（一）审计项目的建立和选择

1. 审计项目的建立

审计项目的建立又称审计立项，是审计组织确定被审计单位和审计事项的过程。从审计关系看，审计立项又是审计组织接受委托或授权，与被审计人（单位或项目）建立审计关系的过程。因此，审计立项应遵循一定的法定程序。

综观各种不同的审计组织，按能否选择审计对象划分，审计立项的类型有以下两种：主动立项，即可以选择被审计单位或审计事项的立项方式，主要适用于国家审计机关和内部审计组织一部分审计项目的建立。这种立项方式主要解决的问题是选择哪些被审计单位和事项。被动立项，即不能选择被审计单位或审计事项的立项方式，主要适用于社会审计和内部审计组织一部分审计事项的建立。这种立项方式主要解决的是能否承担和接受所委托的审计单位和事项。

按审计关系进行分类，审计立项又可分为授权立项和委托立项。国家审计机关和内部审计组织大部分情况下是按法律法规或政府、所在部门、单位的授权建立审计项目，有可能是主动立项，也有可能是被动立项。社会审计组织一般都是接受客户的委托后进行审计立项，属于被动立项。

2. 审计项目的选择

根据国际内部审计师协会《内部审计实务标准》的要求，内部审计选择审计项目的基本方法有以下三种：①制订年度的审计项目计划；②应所在部门的管理当局或单位董事会的要求；③应被审计者的要求。

内部审计选择经济效益审计，应在可评价的经济活动范围内进行，这些经济活动包括：①组织的经营政策和管理程序的贯彻。②会计信息和其他信息资料系统的真实、一贯性，以及在此基础上开展延伸的财务评价。③成本中心、利润中心和投资中心等责任中心业绩的评价。④合同、产品、方案、劳务的经济效益和社会效益的评价。⑤内部控制、资源利用和管理效率等业务系统和职能系统的评价。

内部审计师在考虑审计事项的先后次序时应考虑以下七个因素：

(1) 上一次审计的日期和结果

一般来说，审计师可以做出这样的假定，对某一项业务活动的审计间隔期越长，该项业务活动出现问题的风险将越大，所以应该优先开展审计。同样，若在上次审计中发现的缺陷越多，则可假定控制的缺陷也越大，就越需要开展审计。

(2) 涉及的金额

涉及资金数额较大的项目一旦出现了问题，造成的损失也就越大。在比较各项业务活动以决定如何最好地安排审计资源时，审计师会倾向于优先安排那些涉及更多资金的项目，因为其中存在更高的潜在风险。

(3) 潜在的损失和风险

这一因素是针对内部控制系统而言的。较弱的控制意味着较大的潜在损失和风险，而较强的控制意味着较少的损失和风险，因而在同一资金水平下，应选择内部控制较弱的业务活动优先开展审计工作。一些表面上看起来不是财务上的风险也应加以注意，如涉及法律诉讼、公众形象受损或在公众中处于被动的境地，虽然最初的影响与财务无关，但这些风险最终可能导致财务损失。

(4) 管理层的要求

当管理层要求对某项特定的业务活动开展审计时，审计师通常可以考虑管理层觉察到的风险，通常管理层会比一般员工更熟悉业务，因而他们会较清楚地了解其中存在的风险。

(5) 经营方案、制度和控制的重大变化

如果基本业务发生重大变化，那么就有理由优先对其进行审计。在变化过程中大多会出现在稳定情况下不会发生的复杂情况或风险。在变化以后，也可能要进行多次调整，以使新业务能良好运作，但在实施的初期可能会产生一定的风险。同时，新的业务从未被审计过，所以很难确定相关的控制系统是否健全、有效。

（6）获得经营收益的机会

未能开发潜在的收益对组织带来的损失，不亚于实际的资产损失或其他损失。因此，管理人员和内部审计师都对不断地开发新的收益机会抱有兴趣，即使控制和业绩已经足够了。另外，还要考虑管理层对审计结果的接受程度，在相同的风险水平下，审计师将优先考虑那些可能带来新的收益或积极影响的审计项目。

（7）审计资源配置状况及能力结构

审计资源的配置，尤其是审计人员的能力结构，会影响对审计项目的选择。举例来说，审计部门若全由注册会计师组成，则会更善于检查财务与会计系统而不是工程系统。因此，审计部门在选择审计对象、编制年度审计项目计划时，应尽可能考虑审计资源配置和人员能力结构的变化。

在安排审计项目、编制年度审计计划时，内部审计师要优先考虑以上七个因素。遗憾的是，由于内部审计人员不了解业务流程，导致不能正确选择审计对象、编制年度审计计划，选择审计项目更多地靠主观直觉而不是科学。因此，使用一种科学的、系统化的审计项目选择程序显得特别重要。

（二）经济效益审计计划

由于审计范围较大、内容较复杂，取证方法也复杂，在经济效益审计中只有编制多层次的审计计划，才能起到充分事前规划的作用。表5-1表明三个层次的审计计划的作用及包括的内容。[1]

表5-1　分层次审计计划的作用及内容

审计计划层次	作用	计划内容
项目计划大纲	轮廓性、纲要性的计划要点	项目名称、被审计单位、审计范围及主要内容
项目实施计划	划分分项目及审计资源的初步配置	各分项目的具体内容、目的和审计资源的初步配置
项目作业计划	具体实施审计活动的指南（按分项目编制）	某分项目包含的每一个审计要点的具体要求和方法，审计资源的具体配置

---

[1] 李冬辉. 内部审计 [M]. 上海：上海财经大学出版社,2015:144.

（三）经济效益审计报告

1. 经济效益审计报告的要求

审计师在经济效益审计实施完毕后应该报告其审计结果。《内部审计实务标准》对审计报告的编报提出了一般要求，包括以下方面：

第一，审计检查完成后，应该提交有署名的书面报告。需要立即引起注意的情况可以用中期报告来通报；总结报告主要突出审计结果。

第二，在发出最终书面报告以前，审计师必须在适当的管理层次中征求对审计结论和审计建议的意见。

第三，审计报告必须客观、清晰、简明、富有建设性并讲究实效。

第四，应该说明经济效益审计的目的、范围和审计结论，并适当地表明审计师的意见，其中包括背景资料。

第五，报告应该包括可能采取的改进建议或纠正行动。

第六，被审单位对审计结论和建议的看法，可以包括在审计报告中。

第七，最终审计报告发出前，审计部门负责人或被指定人员应检查和批准报告，并决定报告的发送对象。

2. 经济效益审计报告的基本模式

不同审计主体所从事的不同类型的经济效益审计，其审计报告的模式是不同的，但主要特征是相似的。以下列举的一种模式展示了一个较灵活的报告模式，可以适用于不同的情况。该模式包括以下部分：

（1）封面

作为一份经济效益审计报告，其封面通常应该包括以下内容：①报告的标题，该标题说明审计事项的性质和被审计单位的名称；②被审计单位的名称和地址；③审计日期或期间；④审计机构或审计组的名称。

（2）导言

在经济效益审计报告中，导言部分所起的作用主要是介绍被审计单位业务情况、审计发现问题的详细情况和审计建议、评价内容的摘要，以及披露审计报告编报的有关信息。导言主要包括报告日期和发送日期；报告接受者名称地址；引言、前言或审计事项的背景；审计范围和目标；审计所发现问题的性质及简要评价；对报告使用者回复的期望；签发人签名；参与项目的审计人员名单；报告接收者名单；内容目录及索引。

（3）总结或概述

一些审计报告的读者，特别是高级管理人员，通常对审计的具体细节缺乏兴趣，而更关注事项整体的性质。本段内容的优点便是使读者在阅读有关细节前就能抓住报告的关键事项，指导读者应从哪些方面更深入地了解细节。本段的重点也是组织内部存在的风险，并说明具体的控制薄弱环节是如何增加风险的。

（4）审计发现问题的细节说明

这一段应该向读者提供足够的信息，以便他们了解事实，并对存在的问题提出可以采取的建议。本段是经济效益审计报告篇幅最长的部分，它的内容一般可以分为5部分：现状、标准或期望、影响、原因、建议。

（5）图表与附录

如果有图表等内容，应与相关的文字叙述放在一起，若有关信息的长度有碍于报告其他部分的可读性，则可将它放在附录中。图表和附录应有清楚的标识，若这些信息需要深入研究才能弄懂，则应提供一定的解释和说明。

3.经济效益审计报告的内容

经济效益审计报告的内容，一般应该是对被审计单位（项目）经济活动的经济效益及风险的评价，具体可包括以下要点：被审计的单位或项目；立项的背景和依据；审计目标、范围和要求；采用的审计标准和程序；审计查实的主要事实、所发现的问题及证据；审计结论与建议；被审计单位对主要结论的反映；附件和审计证据。

（四）经济效益的后续审计

后续审计是指审计师用以确认被审计单位管理人员根据审计报告中的审计结果和审计建议是否采取合适、有效和及时的措施的工作过程，同时也是确认审计结果和审计建议本身是否正确的工作过程。

1.后续审计的目的

在经济效益审计中，审计人员提出的审计结果和建议是否正确、是否由被审计单位采纳以及取得了什么效果，在审计程序的终结阶段是无法加以验证的。只有通过一段时间后（一般为3个月到半年），才能实施一定的程序加以验证。因此，后续审计在经济效益审计程序中具有比其他审计更为重大的意义。后续审计的目的包括以下两点：

第一，确认"已经采取的纠正行动和正在达到要求的结果"，即①确认被审计单位管理当局针对审计报告所提出的审计发现的问题和审计建议，是否采取了纠正行动和措施；②如果采纳了所提的建议，其效果是否与预期相符合；③由于采纳审计建议而产生风险的责任归于审计主体。

第二，确认"高级管理层或董事会已经承担了对报告中的审计结果不采取纠正行动而产生的风险"，即①经济效益审计报告中的审计结果，包括审计结论和审计建议，并不强制被审计单位执行；②如果被审计单位（单位的高级管理层或董事会）决定对审计结果不采取纠正行动，由此产生风险的责任属于被审计单位，而不属于审计主体。

2.后续审计的基本步骤

以下5个步骤说明了后续审计的程序和实质性特征。

第一，要求被审计单位对审计报告中的审计结果作出书面回复，并对书面回复进行审阅。审阅时应以审计报告为依据，通过审阅审计人员将确定哪些事项值得与被审计单位探讨与澄清、哪些事项需要进行现场审查。审阅书面回复时应注意下列情况的审计发现事项：①不予回复的事项；②回复不充分的事项；③被审计单位有异议或误解的事项；④回复中已说明将不采取任何纠正措施的事项。

第二，与被审计单位管理当局探讨回复中不清楚或未作回复的事项，同时澄清有异议或有误解的审计事项或建议，可以通过面谈或电话询问的方式来解决问题以消除误会。主要包括两项内容：①向负责采取纠正行动的适当层次管理人员解释审计报告中的问题和建议；②收集在审计报告发出后的适当时期内的最新资料和信息，对审计报告中的审计结果进行重新评价。

第三，对审计报告中的重大问题及其纠正建议的采纳情况进行现场审计、现场审计的方法包括现场访问、直接观察、测试和检查纠正措施的有关文件等，与正常审计工作一样，审计人员应将审查工作过程形成工作底稿合并归档。在决定现场审计程序时，应考虑以下因素：①该事项在审计报告中的重要性；②按照审计报告提出的要求，采取该项审计建议产生的影响程度和所需要的费用；③审计建议实施失败可能产生的风险；④审计建议实施的复杂程度；⑤所涉及的时间限制。

第四，评估采纳审计建议所达到的效果，主要是根据改善后的情况或被审单位管理当局已经采取或将要采取的措施，对所涉及业务活动的控制风险进行重新评估。

第五，报告后续审计的结果。报告的内容主要应包括以下方面：①就被审计单位是否采纳审计报告结果、是否采取纠正行动及其效果以及审计主体的风险责任进行确认；②就被审计单位管理当局未采纳或决定不采纳审计报告结果、不采取纠正行动所承担的风险责任进行确认；③就审计报告结果的执行情况与回复中的说明是否一致进行确认。

以上是后续审计的基本步骤，为了节约后续审计所消耗的时间和审计资源，建议采用以下做法：①在审计实施阶段，尽可能同时对更多的事项实施后续审计，当然就必须鼓励被审计单位在审计结束前实施纠正措施；②审计人员与被审单位管理当局定期联系，了解最新的改进措施的执行情况及效果；③将注意力集中在最严重的或潜在的问题上，对一般事项的后续审计可仅限于询问或简短的讨论；④只对值得注意的具体问题进行后续审计测试，不是十分重要的问题可以只审阅与纠正措施有关的文件记录。

三、经济效益审计的评价标准

审计工作由必不可少的三部分（要素）内容组成：审计人员通过仔细审计被审计事项，查明被审计单位事实真相，取得审计证据；将取得的审计证据对照审计标准；根据对照的结果，评价被审计事项的真实性、合法性和效益性，得出审计结论。审计标准是审计工作不可缺少的环节，是做出审计判断的依据，也是做出定性（查出的问题属于什么性质）和处理的依据。同样，经济效益审计也需要评价标准。

（一）经济效益审计评价标准的确定原则

选择和确定经济效益审计评价标准，必须从被审计单位的实际出发，围绕审计目标，紧扣审计主题，力求做到全面、客观、科学、适用，既要考虑某部门某行业单位的一般考核要求，又要考虑被审计单位的特殊方面；既要考虑审计期间通用的考核标准及水平，又要考虑被审计单位专门的、具体的标准和规定；既要考虑理论的必要性，又要考虑实际的可行性。为此，审计人员选择和确定经济效益审计评价标准必须遵循以下原则：

1. 全面性和完整性原则

要根据被审计单位的行业特点、经营规模和管理方式，从实际需要出发，了解和确定被审计单位应建立哪些考核评价标准，已经建立和使用了哪些标准，并进行归类、整理、充实和完善，以便形成一个完整的评价标准体系，并使体系内各指标相互衔接、相互制约，充分覆盖被审计单位生产经营系统的各个方面和各环节，使之无遗漏、无空白、无相互矛盾，以保证对被审计单位经济效益做出全面、完整的衡量和评价。

2. 责任性和可控性原则

经济效益审计评价标准应准确考评被审计单位和内部各单位及个人必须履行的经济责任，即所衡量、评价的经济活动及其结果应是审计对象的职责范围，是其应当全部或部分负责且可以控制和调节，是其通过主观努力可以改变的结果和过程。审计标准中应排除非被审计对象责任和审计对象不可控的因素，避免以此衡量和考评被审计对象。例如，在评价单位原材料利用经济效益时，应当以材料单耗、材料利用率等指标进行评价，而不能将单位产品材料成本列为评价标准，因为材料成本的购入价格是用料者无法预测的不可控因素。

3. 计划性和可比性原则

在市场经济条件下，国家有关部门可以通过计划指导各部门和各单位的生产经营活动，并考核其生产经营成果，被审计单位自己有各种计划，经济效益审计应以国家有关计划作为经济效益审计评价标准之一，并力求使审计标准与有关计划标准相互适应，使有关指标内容、计划标准、时间和计算方法相互统一；同时还应注意在使用计量办法时，尽量将不可比因素转为可比因素，尽量使用货币表示的价值指标来综合反映全部使用的价值指标，使指标便于汇总、比较、分析，具有综合性和可比性，以满足多方面的要求，既可以进行历史的纵向比较，也可以与国内外及先进水平进行横向比较。

4. 科学性和严密性原则

经济效益审计评价标准的内容必须科学、合理，标准形式必须简明易懂、易操作，使用时无手续烦琐、程序不清、口径不当等情况，无违背客观规律的规定，以便对被审计单位的经济活动进行衡量和评价时，能比较准确地反映出被审计单位的真实情况，能接近或达到审计目的的要求，保证经济效益审计评价标准基本无漏洞，保证正确使用审计标准，不致导出有误的结论。

5. 先进性与合理性原则

评价标准的水平必然建立在相对先进、合理的基础上才能起到促进作用。确定标准时必须充分反映被审计单位现有的生产技术和生产组织条件，反映现有的操作方法和工作经验，并考虑增长、提高因素和潜力。所谓合理，是指标准水平不宜定得太高，如果脱离实际，变成可望而不可即的目标，就会使被审计对象丧失完成标准的信心和积极性。经过努力多数可以达到最佳标准水平，部分超额，少数接近。凭主观意志确定标准，不是实事求是的科学态度。

在进行经济效益审计评价时，除了要按上述原则选择适当的审计标准外，还要处理好宏观效益与微观效益、直接效益与间接效益、目前效益与长远效益之间的关系。例如，对某领导的任期经济责任审计，对其所进行的决策项目不应只看到微观效益、直接效益和目前效益，而应多方面观测，还要评价宏观效益、间接效益和长远效益，只有这样才会得出科学的结论。

(二) 经济活动效益性评价标准的内容类型

1. 按范围层次划分

经济效益审计评价标准分为经济效益审计总体评价标准和经济效益审计具体评价标准两大类。

(1) 经济效益审计总体评价标准

经济效益审计总体评价标准是带有根本性和指导性的原则标准，是对被审计单位经济行为效益性的基本制约，也是对被审计单位处理有关经济效益各方面关系的原则标准和一般要求。经济效益审计总体评价标准的内容主要有：国家的经济政策和法令，国际通行惯例，政府部门对经营管理工作所作的有关规定；经济规律和经济理论的规定，单位组建时所规定的目标、任务及经营方向；向社会所做的承诺，应履行的义务和公约；内部制定的各种规章制度等。

经济效益审计总体评价标准重点衡量评价被审计单位经济效益的质的方面，审查其经营思想、服务质量、职工培训、环境保护、社会责任、精神文明、执行国家方针、政策等，考评其效益取得方式和内容的性质，看其经济效益来源是否合理，有无通过非法的、不正当的手段获取原不属于被审计对象的经济效益，如生产假冒伪劣产品、坑骗消费者、违反国家物价政策、乱涨价或变相涨价、牺牲社会利益和长远利益等；当然，其中涉及的违法乱纪行为是财务审计和财经法纪审计解决的问题，经济效益审计仅解决各种效益关系的处理（宏观效益与微观效益的关系，直接效益与间接效益的关系，目前效益与长远效益的关系）。

（2）经济效益审计具体评价标准

经济效益审计具体评价标准也称技术经济指标，是全面、具体、详尽的执行标准，是从不同层次、不同角度、不同方面衡量被审计单位经济活动的效益有无、效益高低的尺度。经济效益审计的具体评价标准是总体评价标准的补充、深入和具体化，它是由以财务指标和技术经济指标为主体的指标体系构成的。经济效益过程中大量的经常性的工作是具体标准的计算、比较分析和评价。

经济效益具体评价标准是对被审计单位经济效益质量方面的要求和限定，是被审计单位在正常情形下必须达到的效益水平，是被审计单位经济效益高低的衡量尺度。经济效益审计的具体评价标准是由反映经济活动不同层次、不同方面的指标构成的，这些指标的来源、内容、表现形式非常复杂，由一系列计划目标、技术经济定额、业务标准、各种指标和有关的数字组成，如总资产报酬率、劳动生产率、资金周转率、投资回收期等。

社会主义经济效益是质和量两个方面的有机统一，只有将这两个方面结合起来才是科学、全面的效益。

2.按内容性质划分

经济效益审计评价标准分为以下四类：

（1）国家政策、法律法规和国民经济计划

审计人员在做效益审计评价时，要结合国家相关的政策和指令性计划的要求，并以此为依据。例如，国家对于单位改制的政策规定（上市单位必须达到哪些效益要求）；国家出台的产业政策规定，对于资金周转速度快，营运效益高的行业重点发展，而资金周转速度慢，营运效益差的则限制发展。国家的产业政策是呈动态性的，它随着外部经济环境的变化而调整。

（2）部门和单位自行制订的计划、预算、定额、合同

审计人员在做效益审计评价时，要综合利用部门和单位自行制订的生产经营目标（计划）、预算、定额、合同等作为评价标准。这里的计划与上一层次的计划意义不同，它不是指令性和强制性的，而是单位努力的目标。单位的预算与定额同为单位经济活动前（事前）控制标准，但它们之间又存在一定的区别，即控制的对象不同：预算可以控制固定成本项目和间接费用，如管理费用、财务费用、销售费用等，如果单位实际成本超过预算，则要查明具体原因；定额可以控制变动成本项目和直接费用，如生产单位产品的材料消耗定额、人工（工时）定额、燃料定额等，比如单位制定资金占用（库存原材料、库存商品、在产品、产成品等）定额控制单位生产某一阶段的资金占用。

（3）历史水平、行业水平、计划水平、国际水平

审计人员评价被审计经济活动时，用历史标准可以评价其效益的升降程度，用行业标准可以评价其效益的优劣程度，用计划标准可以评价其效益的完成程度，用国际标准可以评价其效益与国际的差距。评价其竞争程度有利于主管部门获得适当信息，从而进行宏观比较。

（4）理论依据及科学计算数据

这是经济效益审计所特有的标准，经济效益审计除了可以采用财务审计中函证、盘点、计算、分析性复核等审计方法外，还可借用工具学科和相关学科的知识，包括理论依据和方法。例如，在经济效益的管理审计中，就可以管理理论为依据评价其内部控制设计的合理性，测试其内控制度的健全有效性。

经济效益审计的评价标准还可以是科学计算数据。例如，经济效益审计中要取得的趋势证据是一种预测数据，不具备真实发生性，必须是经过科学计算得出的数据，才能降低审计风险。再如，单位质量管理和成本管理中的经济批量和最优合格率都是经过科学计算得出的，经济效益审计可作为效益好坏评价的标准。

结束语

在全面探讨了财务会计与内部审计的多个方面后，不难发现，二者在现代单位管理中发挥着举足轻重的作用。财务会计不仅提供了单位经济活动的详细信息，还为单位决策提供了重要依据。而内部审计则是对单位财务活动的有效监督，确保单位运营的合规性和稳健性。

总之，财务会计与内部审计是单位财务管理的两大支柱，二者的协同发展是单位实现长远发展的关键。通过不断深化研究和实践，我们相信每个单位都能够更好地利用财务会计与内部审计的力量，实现稳健发展。

参考文献

一、著作类

[1] 曾艳，李丹，成茜，等 . 财务会计 [M]. 上海：上海财经大学出版社，2015.

[2] 常茹 . 财务会计 [M]. 北京：经济科学出版社，2019.

[3] 翁祖乐，董伟英 . 财务会计 [M]. 长沙：湖南师范大学出版社，2018.

[4] 郭利敏，杨利云 . 财务会计 [M]. 北京：中国铁道出版社，2015.

[5] 黄慧，杨扬 . 财务会计 [M]. 上海：上海社会科学院出版社，2018.

[6] 李冬辉 . 内部审计 [M]. 上海：上海财经大学出版社，2015.

[7] 罗晓华 . 公共部门财务会计 [M]. 上海：复旦大学出版社，2015.

[8] 缪匡华 . 公共组织财务管理：原理、案例与实践 [M]. 北京：清华大学出版社，2017.

[9] 裴永浩 . 财务会计理论与实务 [M]. 北京：中国经济出版社，2012.

[10] 孙振丹 . 审计实务 [M]. 上海：立信会计出版社，2016.

[11] 谭湘 . 财务会计 [M]. 广州：中山大学出版社，2017.

[12] 王宝庆，张庆龙 . 内部审计 [M]. 大连：东北财经大学出版社，2013.

[13] 王为民 . 公共组织财务管理（第 3 版）[M]. 北京：中国人民大学出版社，2013.

[14] 徐立文，邢春玉 . 内部控制理论与实务 [M]. 天津：南开大学出版社，2015.

[15] 杨洛新，程康 . 财务会计 [M]. 上海：上海财经大学出版社，2015.

[16] 张建平 . 内部审计学 [M]. 沈阳：东北财经大学出版社，2017.

[17] 张梅菊，邱锐，赵蕾 . 财务会计 [M]. 长沙：湖南师范大学出版社，2017.

二、期刊类

[1] 陈华琴.论内部控制审计 [J].全国流通经济，2017(33)：94-96.

[2] 黄卫忠.论内部控制审计动因、成本与收益 [J].市场周刊（理论研究），2013(11)：66-67.

[3] 姜波，高浩，王帆.内部审计报告与跟踪检查的路径研究 [J].新理财，2023(09)：52-53.

[4] 李卓璟.内部控制、会计师事务所选择与审计质量 [J].合作经济与科技，2024(03)：165-167.

[5] 林银仲.论财务会计的核心职能及其职责 [J].当代会计，2015(04)：8-9.

[6] 内部审计体系建设的实践与探索 [J].财务与会计，2023(18)：14.

[7] 谭雪，殷敬伟，修宗峰.财务报告信息冗余的审计效应 [J].审计研究，2022(03)：47-57.

[8] 王宝庆.内部审计管理和谐"四重奏"[J].会计之友，2013（25)：31-33.

[9] 王侨钰.内部审计质量控制初探 [J].中国内部审计，2008（12)：48-49.

[10] 王婷.浅谈内部控制审计现状及优化路径 [J].中小企业管理与科技，2022(06)：118-120.

[11] 张成霄.财务会计与管理会计的区别及融合研究 [J].中国市场，2023(11)：151-154.

[12] 张琇源.浅谈内部审计职能 [J].黑龙江科技信息，2008(35)：168.

[13] 张兆金.探析财务报告编制风险及应对措施 [J].财会学习，2023（21)：40-42.

[14] 赵丽芳.现代内部审计功能拓展与内部控制评价 [J].会计之友，2011(20)：4-7.

[15] 赵妍妍.内部控制有效性对审计意见的影响 [J].中小企业管理与科技，2023(13)：124-126.

[16] 周列美.财务监督检查技巧探析 [J].纳税，2021，15(33)：85-86.

[17] 周瑞 . 内部控制审计与财务报表审计的整合分析 [J]. 投资与创业，
2023，34(11)：66-68.